重点马克思主义学院建设丛书系列

光明社科文库
GUANGMING DAILY PRESS:
A SOCIAL SCIENCE SERIES

·经济与管理书系·

中国能源革命研究

杨卫东　庞昌伟 | 著

光明日报出版社

图书在版编目（CIP）数据

中国能源革命研究 / 杨卫东，庞昌伟著 . -- 北京：
光明日报出版社，2025.1. -- ISBN 978 - 7 - 5194 - 8415 - 6

Ⅰ. F426.2

中国国家版本馆 CIP 数据核字第 2025SS4342 号

中国能源革命研究

ZHONGGUO NENGYUAN GEMING YANJIU

著　　者：杨卫东　　庞昌伟	
责任编辑：刘兴华	责任校对：宋　悦　贾　丹
封面设计：中联华文	责任印制：曹　净

出版发行：光明日报出版社

地　　址：北京市西城区永安路 106 号，100050

电　　话：010-63169890（咨询），010-63131930（邮购）

传　　真：010-63131930

网　　址：http://book.gmw.cn

E - mail：gmrbcbs@gmw.cn

法律顾问：北京市兰台律师事务所龚柳方律师

印　　刷：三河市华东印刷有限公司

装　　订：三河市华东印刷有限公司

本书如有破损、缺页、装订错误，请与本社联系调换，电话：010-63131930

开　　本：170mm×240mm	
字　　数：183 千字	印　　张：14.5
版　　次：2025 年 1 月第 1 版	印　　次：2025 年 1 月第 1 次印刷
书　　号：ISBN 978 - 7 - 5194 - 8415 - 6	
定　　价：89.00 元	

前　言

　　能源是支撑现代经济社会运行的物质基础和动力，是国际竞争和大国角力的核心领域，也是推进碳达峰碳中和的主战场。能源问题关乎国家安全和经济社会发展全局。在过去几十年中，中国经济突飞猛进，中国能源消耗也随着经济的快速发展猛增。[①] 据统计，中国 2016 年能源消费总量为 43.6 亿吨标准煤，2022 年能源消费总量高达 54.1 亿吨标准煤，预计 2030 年可能达到 60 亿吨标准煤，[②] 能源消费总量压力较大。多年来如此巨大体量的能源消费已经造成了中国环境污染、生态破坏的被动局面，有些区域甚至严重超过环境承载力。这严重拖累了中国的社会主义现代化进程，不利于达成建设美丽中国的目标。

　　党的二十大报告指出："大自然是人类赖以生存发展的基本条件。尊重自然、顺应自然、保护自然，是全面建设社会主义现代化国家的内在要求。必须牢固树立和践行绿水青山就是金山银山的理念，站在人与自然和谐共生的高度谋划发展。"能源领域与生态环境保护息息相关，要实现绿色发展，推动能源消费革命刻不容缓。

　　中国能源体制机制历经 40 多年计划经济和 30 多年市场经济的洗礼，先易后难地进行了部分改革，体制机制模式逐渐宽松，价格管制、

---

① 李伟. 推动能源革命，有序构建安全、绿色、高效的能源系统 [N]. 中国经济时报，2014-11-28（A01）.
② 肖宏伟. 2016 年能源形势分析及 2017 年预测 [J]. 发展研究，2017（2）：27-31.

投资限制等问题逐渐放开，取得了一定的积极成效，但是与其他领域市场化改革对比来看，力度和幅度较弱。造成这一结果的原因诸多，其中关键在于过去将能源看作战略资源，考虑市场经济属性较少，采用市场经济方式调节能源发展尝试较少。中国全面进行市场化改革进程中，能源体制机制改革形势紧迫。

自 2013 年习近平总书记提出"一带一路"倡议以来，"一带一路"得到国际社会高度关注，拉近中国与世界的关系。多年来，中国在能源领域与其他国家一道加强国际合作，互利共赢、各尽所能，顺应时代发展趋势解决了中国能源发展过程中存在的诸多矛盾和问题，缓解了中国长时间以来积累的错综复杂的能源问题。"一带一路"已经化为国际世界中亮眼的绿色之路，中国在未来也会继续秉持创新、协调、绿色、开放、共享的五大新发展理念，早日实现"碳中和"，为世界生态治理注入强劲动能。

能源在中国经济社会发展中的重要地位不言而喻。据人民网报道，2014 年 6 月 13 日在中央财经领导小组会议上，习近平就推动能源生产和消费革命提出五点要求。第一，推动能源消费革命，抑制不合理能源消费。坚决控制能源消费总量，有效落实节能优先方针，把节能贯穿于经济社会发展全过程和各领域，坚定调整产业结构，高度重视城镇化节能，树立勤俭节约的消费观，加快形成能源节约型社会。第二，推动能源供给革命，建立多元供应体系。立足国内多元供应保安全，大力推进煤炭清洁高效利用，着力发展非煤能源，形成煤、油、气、核、新能源、可再生能源多轮驱动的能源供应体系，同步加强能源输配网络和储备设施建设。第三，推动能源技术革命，带动产业升级。立足我国国情，紧跟国际能源技术革命新趋势，以绿色低碳为方向，分类推动技术创新、产业创新、商业模式创新，并同其他领域高新技术紧密结合，把能源技术及其关联产业培育成带动我国产业升级的新增长点。第四，推动能源体制革命，打通能源发展快车道。坚定不移推进改革，还原能源商品属性，构建有效竞争的市场结构和市场体系，形成主要由市场决定能源价格的机制，转变政府对能源的监管方式，建立健全能源法治体系。第五，全方位加强国际合作，实现开放条件下能源安全。在主要立足国内的前提条件下，在能源生产和消费革命所涉及的各个方面加强国际合作，有效利用国际资源。这是在2012年党的十八大上提出能源消费和供给革命之后，时隔两年再次对能源领域作出的又一次重要的战略安排，囊括了技术、机制体制、国际合作三方面内容。其以中央财经领导小组（现中央财经委员会）的名义提出，足以彰显国家对能源问题认识的深刻、谋略的深远以及解决能源问题的决心和勇气，同时足以证明能源问题本身的错综复杂性。改革开放以来，政策性文件中很少出现"革命"一词，这也从另一个层面说明当前对能源领域的改革将是颠覆性的，无论是从力度还是迫切性上都足以看出本次能源领域的改革是一次具有历史意义的重大部署。

在提出"四个革命、一个合作"能源安全新战略后的几年间，习近平总书记更是身体力行，多次到各地进行考察，督促重大能源项目的落地。我国核电、风电、特高压输电项目都取得了卓著成效。

2021年，《中华人民共和国国民经济和社会发展第十四个五年规划和2035年远景目标纲要》指出到2035年，"要广泛形成绿色生产生活方式，碳排放达峰后稳中有降，生态环境根本好转，美丽中国建设目标基本实现"。为实现这一目标，需要全社会的齐心协力，在现有基础上纵深推进能源革命，大力发展绿色经济，推动煤炭等化石能源清洁高效利用，推进钢铁、石化、建材等行业绿色化改造。

2022年，党的二十大报告明确指出："实现碳达峰碳中和是一场广泛而深刻的经济社会系统性变革。"这也证明了在2014年习近平总书记创造性地提出"四个革命、一个合作"后，我国不断积极推进能源革命，出台一系列政策，形成了推进能源革命的战略规划体系。

党的二十大报告强调："要立足我国能源资源禀赋，坚持先立后破，有计划分步骤实施碳达峰行动。完善能源消耗总量和强度调控，重点控制化石能源消费，逐步转向碳排放总量和强度'双控'制度。推动能源清洁低碳高效利用，推进工业、建筑、交通等领域清洁低碳转型。深入推进能源革命，加强煤炭清洁高效利用，加大油气资源勘探开发和增储上产力度，加快规划建设新型能源体系，统筹水电开发和生态保护，积极安全有序发展核电，加强能源产供储销体系建设，确保能源安全。完善碳排放统计核算制度，健全碳排放权市场交易制度。提升生态系统碳汇能力。积极参与应对气候变化全球治理。"这为能源领域继续深化改革指明了道路。

据《人民日报》2023年7月14日刊发的报道《能源保障和安全是"国之大者"》，2023年，习近平总书记始终高度重视能源安全，指出"我们必须从国家发展和安全的战略高度，审时度势，借势而为，找到顺应能源大势之道"。① 能源保障和安全"是须臾不可忽视的'国之大者'"，推行"四个革命、一个合作"是中国在能源领域的顶层设计，既符合中国能源发展道路，又顺应了时代要求，是中国推行能源革命取得成效的重要保障。除了考虑时代大背景，我们通过实践研究能源革命的基本内涵与实质，认识到其所承担的历史使命，以及在推行过程中遇到的挑战、关键问题和主要矛盾，认识其在中国能源发展史上的重要地位，能源革命的最终目的是推动中国走向生态文明，推动中国经济可持续发展。能源革命和生态文明本身就具有时代性，这是马克思主义中国

---

① 能源保障和安全是"国之大者"（评论员观察）［N］. 人民日报, 2023-07-14（5）.

化的理论创新和实践创举。我们以马克思主义历史唯物主义观作为指导和行动准则，界定了能源革命各方面之间的关系与内涵以及回顾与评价了能源革命的阶段性成果，并结合中国推动生态文明和能源革命实践探索提出了相关战略设想，旨在引领中国能源发展方向。

平生幸得友三千，此世报国唯丹心。在能源领域研究的这条路上，我们从来不是踽踽独行。革去前路弊讹忧，留得后人山河清。

杨卫东　庞昌伟

目　录
CONTENTS

第一章

中国能源革命的背景及原因

第一节 国内背景及原因

一、能源结构不合理造成生态环境恶化

长期以来，中国的经济结构以工业为主，尤其是以重工业为主。中国经济发展历程中一直注重对经济结构调整的改进，提升第三产业的比例，第三产业甚至一度超过第二产业。但是工业发展高耗能、高污染的发展方式并未得到根本性改变，同时能源消费结构也由于第二产业比重过大，加上受自身资源禀赋所限，煤炭等化石能源消费占比较高，产业结构的不合理等因素导致能源结构、能源消费矛盾突出。

中国经济基础薄弱，轻工业与重工业发展失调，1978年改革开放伊始，中国采取了优先发展轻工业，扩大消费进口，加强基础设施建设，大力发展第三产业等一系列措施。2002年党的十六大召开，中国政府根据世界科技未来发展趋势和适应新型工业化道路的新要求，对于推进产业优化升级作出了重大部署。中国产业发展要形成以高新产业发展为先导，基础产业和制造业为支撑，服务业全面发展的产业格局。

"十一五"规划中明确提出产业结构调整的重要任务是发展先进制造业、提高服务业比例和加强基础产业的基础设施建设;还提出要提升自主创新能力,发展和掌握核心技术,增强科技成果的转化,通过技术创新提高产业的整体水平。2005年12月国务院发布了《促进产业结构调整暂行规定》(以下简称《规定》),该《规定》进一步将产业结构调整作为当前和未来一段时间内的重要任务,其中明确了产业结构调整的目标、原则、方向以及重点任务。这对于中国落实科学发展观,转变经济发展方式,推进产业结构升级,保持国民经济平稳较快发展具有重要意义。[①] 2011年中央经济工作会议把加快经济结构战略性调整列为中国转变经济发展方式的主攻方向,开启中国经济战略性调整"元年"。2013年十八届三中全会提出"产业转型升级",这被定义为"产业结构的高级化",即向更有利于经济、社会发展的方向发展。2020年9月22日,第七十五届联合国大会一般性辩论上习近平主席郑重宣布:"中国将提高国家自主贡献力度,采取更加有力的政策和措施,二氧化碳排放争于2030年前达到峰值,努力争取2060年前实现碳中和。"加快形成节约资源和保护环境的产业结构、生产方式、生活方式,贯彻新发展理念,推动高质量发展。同年,十九届五中全会又将产业基础高级化水平明显提高作为"十四五"时期经济社会发展的主要目标和任务。

(一)第三产业比重较低

改革开放以来,中国经济快速增长,对能源的消耗也急剧增加。能源消费总量的增加和其所产生的负外部性固然与经济的快速增长存在联系,但是本质上还是经济增长的同时,产业结构仍然不合理导致的。

中央及地方各级政府始终将经济结构调整作为经济发展中的一项重要任务。经过近几十年的发展,也取得了一定的成绩。中国第一产业比

---

① 奚洁人. 科学发展观百科辞典 [M]. 上海:上海辞书出版社,2007.

重逐步下降，第三产业比重上升。2011 年后第二产业比例开始呈现下降趋势，2013 年第三产业增加值比例为 46.7%，首次超过第二产业 44%，并且通过数据可以预知，随着时间的推移，第二、三产业之间的比例差距还将进一步拉大。中国经济发展增长也由改革开放之前的第一、二产业带动模式，转变为主要由第二、三产业带动模式。

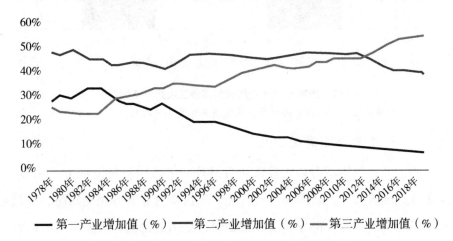

图 1-1　1978—2019 年三次产业增加值结构比例

数据来源：《中国统计年鉴 2020》

　　虽然中国产业结构调整经过几十年的努力取得了一定的成绩，但不容忽视的是中国产业结构仍然不尽合理。第二产业在整个结构比例中仍占 40% 左右，这与发达国家的产业结构比例存在一定差距——发达国家第三产业比例一般为 70% 左右，第二产业维持在 30% 以下。① 某些发展中国家三大产业结构比例也优于中国。巴西、俄罗斯产业结构与发达国家较为相似。而中国第二产业结构比例过大，这也是中国能源消耗量大、产生负外部性的主要原因。

---

① 2013 年中国第三产业占比首超第二产业 [EB/OL]. 中国新闻网, 2014-1-20.

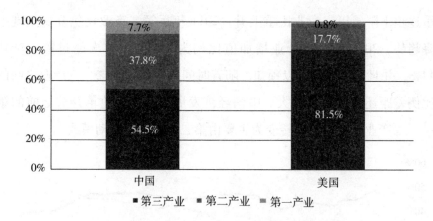

图1-2 2020年中美两国国民经济三次产业结构对比
数据来源：中国国家统计局、美国商务部经济分析局

（二）工业能源消耗较高

除了产业结构不合理之外，还有另外一个原因就是发展方式粗放。这主要是因为第二产业中一些高耗能、高污染行业所占比例较高，并且占据了能源消费的大部分。工业增加值占全国的比例和工业消耗的能源与全国能源消费总量占比存在错位现象。近些年来，工业增加值的占比一直维持在40%以上，但是工业消耗的能源总量占全国能源消耗总量的70%左右。这说明作为中国第二大产业的工业虽然创造了较高的GDP，但却是其依赖较高比例耗能方式所取得的，产值与能耗之间存在倒挂现象。

《2010年国民经济和社会发展统计报告》指出六大高耗能行业分别为化学原料及化学制品制造业、非金属矿物制品业、黑色金属冶炼及压延加工业、有色金属冶炼及压延加工业、石油加工炼焦及核燃料加工业、电力热力的生产和供应业。在工业产业内部同样存在类似现象：六大高耗能行业创造的工业增加值约占工业的35%，但是其能源消耗占工业能源消费的比重由10年前的60%增加到近几年的70%，且呈现不断增加的态势。这些情况再次表明中国经济发展中存在工业化严重、高

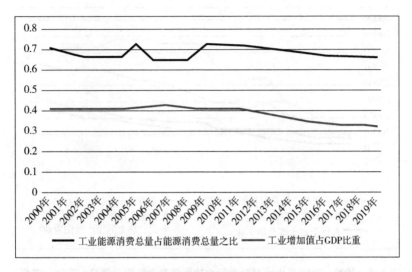

图1-3 能源革命前工业能源消费与增加值占比对比示意图（单位:%）

数据来源：《中国统计年鉴2020》

耗能工业严重的问题。依靠高耗能、高污染的发展方式导致中国目前能源消费持续高位，不合理的产业结构和高耗能产业的比重严重失调制约着中国经济的转型与绿色发展。

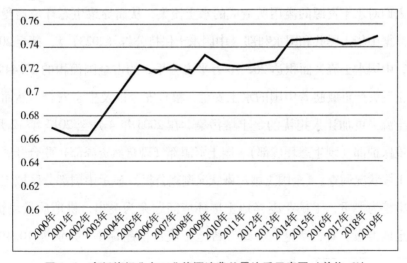

图1-4 高耗能行业占工业能源消费总量比重示意图（单位:%）

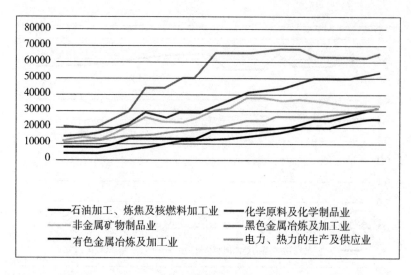

图1-5　2000—2014年六大高耗能行业能源消费走势图（单位：万吨标准煤）
数据来源：《中国统计年鉴2020》

目前，能源结构不合理造成中国生态环境问题突出，主要表现如下。

1. 水土流失严重且土壤污染

随着中国人口的增长、城镇化进程的推进，加大了土地的负荷，加上人们对水土资源的滥用所造成的水土流失，从而导致生态环境遭受破坏。据中华人民共和国水利部《中国水土保持公告（2023）》，截至2023年，中国水土流失面积达262.76万平方公里，约占全国面积的27.44%。水土流失严重威胁着中国的水土安全、粮食安全以及生态安全。然而比水土流失更加让人担忧的是土壤污染。在2005年4月至2013年12月，环境保护部（现生态环境部）、国土资源部（现自然资源部）联合开展全国土壤状况调查。《全国土壤污染状况调查公报》显示中国部分区域土壤污染较为严重，工矿业废弃地土壤环境问题尤为突出，耕地质量堪忧。从土地类型上看，草地、林地、耕地土壤点位超标率[①]分别为10.4%、

---

① 点位超标率是指土壤超标点位的数量占调查点位总数量的比例。

10%及 19.4%。从受污染程度上看，中国土壤从重度到轻度污染的比例分别为 1.1%、1.5%、2.3%、11.2%，总体土壤的点位超标率为 16.1%，无机污染物超标点位数占全部超标点位的 82.8%。[①] 统计的 8 种无机污染物点位均有不同程度的超标，三类有机污染物点位也出现超标情况。土壤环境不是一朝一夕形成的，而是中国长期经济社会发展过程中累计形成的，工业、农业等人类活动对土壤的破坏是造成土壤污染最主要的原因。

2. 水资源匮乏且污染严重

中国人口众多，淡水资源极度匮乏，人均淡水资源仅为世界平均水平的 1/4。据统计，中国有 2/3 的城市供水不足，1/6 的城市严重缺水，其中包括北京、天津等特大型城市，且农村有近 3 亿人饮水不安全。如果说水资源匮乏是由于资源禀赋不足的话，那么水资源污染尤其是地表水资源污染则由人类的活动，确切地说是能源、资源利用方式不当所造成。2013 年全国地表水总体呈现轻度污染状态，部分城市河段污染严重。同年环境保护部（现生态环境部）发布的环境质量报告显示：长江、黄河、珠江、松花江、淮河、海河、辽河、浙闽片河流、西北诸河和西南诸河十大流域的国控断面中，Ⅰ～Ⅲ类、Ⅳ～Ⅴ类和劣Ⅴ类水质断面比例分别为 71.7%、19.3% 和 9.0%。[②]

3. 空气污染严重

2013 年中国空气污染逐渐引起人们的关注，"雾霾"一词不断出现在人们的视野当中，并一度成为当年的关键词。2013 年环境保护部（现生态环境部）空气质量调查报告结果表明，在全国监测 74 个城市中，仅海口、舟山、拉萨三个城市达到各项污染指标的二级标准，其他

---

① 环境保护部，国土资源部. 全国土壤污染状况调查公报［EB/OL］. 中国政府网，2014-04-17.

② 城市空气污染形势严峻 地表水总体为轻度污染［N］. 科技日报，2013-08-06（3）.

71 个城市均有不同程度的超标现象。从城市达标天数分析，74 个城市平均达标天数比例为 60.5%，轻度污染占 22.9%，中度污染占 8.0%，重度及严重污染占 8.6%。从主要污染物浓度分析，74 个城市细颗粒物（PM2.5）年均浓度为 72μg/m³，仅拉萨、海口、舟山三个城市达标，达标城市比例为 4.1%；可吸入颗粒物（PM10）年均浓度为 118μg/m³，11 个城市达标，达标城市比例为 14.9%；二氧化氮年均浓度为 44μg/m³，29 个城市达标，达标城市比例为 39.2%。[①] 造成空气污染的主要原因是产业结构升级步伐缓慢，依靠高污染、高耗能增长方式；加之机动车保有量日益增加，这导致汽车尾气排放量逐年增加，同时市政建设和施工扬尘也进一步加剧了空气污染。

从上述问题可以看出中国生态环境恶化在很大程度上是由于人类的生产经营活动和粗放的生产经营方式。这种粗放的生产经营方式主要依赖于化石能源的使用，相对地，清洁能源所占比例较小，还没有成为能源消费的主要部分。要使生态环境的改善适应生态文明建设进程，从根本上说应该立足于对能源的利用及其使用方式。

二、能源体制制约能源发展

(一) 能源体制变迁

中国能源领域的发展关键在于体制，体制革命是本次能源革命的最核心部分。首先，体制革命的本质是能够还原能源产品的市场性，由市场决定能源价格。其次，提升政府对能源的监管能力，即价格问题和监管问题是能源体制的两个重要方面。回顾能源体制改革将从能源价格及政府管理机构两方面进行梳理，从历史的角度回顾能源体制变迁。

---

① 环境保护部发布 2013 年重点区域和 74 个城市空气质量状况 [EB/OL]. 中华人民共和国生态环境部官网，2014-03-25.

能源价格改革历程依附于中国的经济体制改革变迁。中国能源监管机构分分合合几十年，许多部门都是设立之后撤销，撤销之后再设立，中国能源监管体制的复杂程度可见一斑。直到今天，能源体制管理问题仍未得到妥善解决。改革一直延续，然而每一次变革都赋予了监管机构以历史责任。

大体上讲，我们将历次的能源监管机构改革分为两个阶段，以改革开放为分界线。改革开放之前的监管机构具有明显的政企合一特征。伴随改革开放的推进，政企合一不断被突破，监管机构也随之变迁。①

（二）能源领域矛盾突出

1. 能源消耗较大

中国历来都是能源消费大国，尤其是进入 21 世纪以来，经济以两位数的速度快速发展，能源消费也急剧增加，消耗了大量的能源资源。国家统计局数据显示，中国新世纪初的 2000 年，消费能源总量为 13.9 亿吨，截至 2013 年（能源革命提出的前一年），能源消费总量扩大到 37.5 亿吨。13 年间，消费总量几乎增长了一倍，照此发展，中国未来消费总量将持续增长。2020 年中国能源消费总量达 49.8 亿吨标准煤，据 IEA 等国际能源机构估算，2030 年中国能源消费将达 60 亿吨标准煤，未来能源消费总量超乎想象。中国能源利用效率与其他国家相比存在明显差距。另据 IEA 统计数据显示，中国的 GDP 总量约占世界的 1/10，但能源消费却占全球能源消费总量的 1/5，单位 GDP 能耗明显高于其他国家，尤其是高于发达国家。中国与其他国家的单位 GDP 能耗对比显示，虽然 2005 年以来中国单位 GDP 能耗由当时的 1.28 吨标准煤/万元下降到 2013 年的 0.934 吨标准煤/万元，累计下降 27%，年均下降 3.38%，但仍然是国际平均水平的 2.5 倍、美国的 3.3 倍、日本的

_____

①　回顾我国能源管理机构 60 年变迁历程 [EB/OL]. 北极星电力网, 2015-10-19.

7倍，节能减排压力大。可见，实现碳达峰碳中和绝不可能一蹴而就，这场意义重大的经济社会变革必然具有复杂性与长期性，是一场硬仗，"道阻且长"，需久久为功。

表1-1　中国与世界能源消费总量对比（百万吨油当量）

年份	中国	世界	增长率	占比
2006	1968	11267.8	—	17.47%
2007	2140.1	11617.3	8.74%	18.42%
2008	2222.3	11780.8	3.84%	18.86%
2009	2322.1	11598.5	4.49%	20.02%
2010	2487.4	12181.4	7.12%	20.42%
2011	2687.9	12450.4	8.06%	21.59%
2012	2795.3	12622.1	4.00%	22.15%
2013	2903.9	12873.1	3.89%	22.56%

数据来源：《BP世界能源统计年鉴》

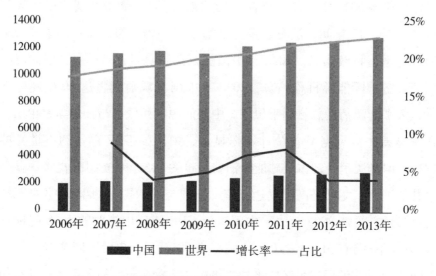

图1-6　中国与世界能源消费总量对比（百万吨油当量）
数据来源：《BP世界能源统计年鉴》

表 1-2 能源革命前中国与世界发达国家地区能耗对比

（kg 石油当量/千美元）

年份	中国	美国	日本	欧盟
2006	236.3	152.1	112.2	106.3
2007	223.8	152.1	109.3	101.1
2008	210.5	148.6	106.4	100
2009	205.6	145.3	107.2	98.5
2010	205.2	145	109	100.3
2011	200.9	141.2	101	94.8
2012	193.4	136	97.3	94.5
2013	185.2	135.3	96	93.2

数据来源：根据世界银行数据整理

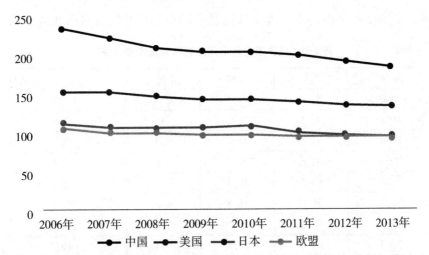

图 1-7 能源革命前中国与世界发达国家地区能耗对比（kg 石油当量/千美元）

数据来源：根据世界银行数据整理

2. 能源结构不均衡

中国是煤炭生产大国，煤炭产量约占世界总产量的一半。然而中国也是煤炭消费大国，一次能源消费总量中煤炭占70%以上。据中国能源年鉴《1957—2017 年中国能源消费构成（%）变化》数据统计，虽然在 2006 年之后，中国煤炭在能源消费中的比例逐渐降低，但是仍在 65%以上。据国家统计局《2012—2021 年能源消费总量及构成》数据统计，2013 年一次能源消费占比中煤炭占 67.5%，石油消费占 17.8%，天然气仅占 5.1%，能源供给结构不平衡，这与国际社会倡导的多元化能源消费、低碳发展的趋势相矛盾。此外在储量方面，除了煤炭储量比例占世界的 13.3%外，石油储量仅占世界的 1%，天然气储量也仅占世界的 1.7%，中国并没有改变"贫油少气"的能源局面。考虑到人口基数，中国煤炭、石油、天然气人均可采储量分别只有世界平均水平的 57%、10%、5%，远低于美国、欧盟等发达国家和地区。所以，从供给上来说，中国的能源以煤炭为主，其他能源为辅。无论消费端还是供给端，中国能源结构均不合理，这也是中国资源禀赋的自然属性造成的。

表 1-3　能源革命前中国能源消费结构表（%）

年份	煤炭	原油	天然气	一次电力及其他能源
2006	72.4	17.5	2.7	7.4
2007	72.5	17	3	7.5
2008	71.5	16.7	3.4	8.4
2009	71.6	16.4	3.5	8.5
2010	69.2	17.5	4	9.4
2011	70.2	16.8	4.6	8.4
2012	68.5	17	4.8	9.7
2013	67.4	17.1	5.3	10.2

　　能源消费与能源生产除了结构不合理，两者之间的矛盾也不容忽视。中国从 1993 年开始能源生产小于能源消费，成为能源净进口国。此后能源的进口缺口一直延续至今，每年进口能源总量大约为 5 亿吨标准煤。这种供求不平衡的矛盾促使中国能源对外依存度增加迅速。单就石油来讲，2000 年石油对外依存度为 33.8%，2013 年该数据已增长至

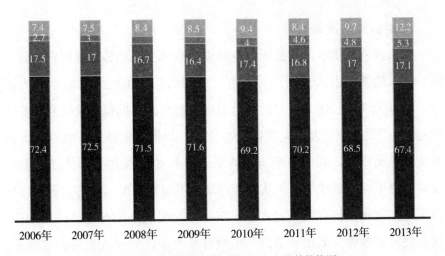

图1-8 能源革命前中国能源消费结构表（%）
数据来源：根据国家统计局数据整理

58.1%，且在不断攀升。这种资源匮乏的局面严重制约着中国经济的可持续发展，也制约着中国经济转型升级，同时对中国能源安全造成了一定威胁。

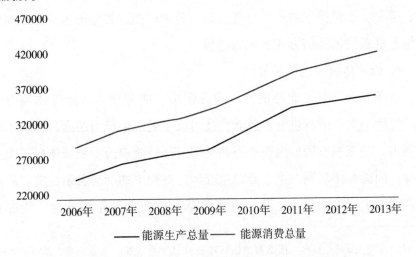

图1-9 2006—2013年中国能源消费与生产对比（万吨标准煤）
数据来源：根据国家统计局数据整理

3. 能源技术发展落后

如果说能源供求矛盾是国内自然资源禀赋受限和长期发展积累的结果，那么能源技术水平则从另一方面说明当前中国能源领域生产力不足。2021 年 10 月 21 日，习近平总书记在胜利油田勘探开发研究院考察时强调："要集中资源攻克关键核心技术，加快清洁高效开发利用，提升能源供给质量、利用效率与减碳水平。"① 中国能源技术伴随着能源发展取得了一定的成就，但从世界能源技术发展状况和趋势来看，与世界发达国家相比仍存在一定差距。在一些大型设备的自主设计和制造、核心技术掌握等方面相对滞后。虽然有些企业已经投入使用先进设备，但是相当大一部分企业还在使用低效和落后的生产设备。如电力行业存在最新发电机组与 20 世纪 50 年代发电机组共同使用的现象；煤炭行业先进采煤设备与人工挖煤并存；石油炼制企业无论是在设备上还是在技术上都与国际水平有较大差距。② 新能源领域研究基础也较为薄弱；技术开发不够；节能降耗、污染治理等技术应用仍不广泛；民众对新能源的接受程度也不尽相同，造成一些新能源产品市场还不能形成产业化优势；等等。能源技术的滞后也直接制约着中国能源效率的提升和中国倡导绿色低碳发展经济方式实现的进程。

4. 能源体制制约能源发展

能源革命涵盖了能源消费、能源供给、能源技术、能源体制四方面。能源消费、能源供给以及能源技术属于能源生产力层面，侧重于内在能力，是能源发展的内在动力和基础，这在能源技术领域体现得尤为明显。而能源体制则侧重于能源系统运行过程中的社会关系，更多的是强调能源生产关系层面。我们将能源革命按照相互作用分为"能源生

---

① 攻克关键核心技术，把能源的饭碗端在自己手里 [N]. 大众日报，2021-10-29（2）.
② 李子牧. 我国能源技术的现状与发展建议 [J]. 信息化建设，2015（11）：44.

产力革命"和"能源生产关系革命"两个层面。能源革命就是对能源领域生产力和生产关系的革命。

能源生产和消费革命，推动能源技术和利用方式根本变革，首先要推动能源体制革命，体制革命是能源革命的核心和关键。"能源生产力"必须适应以体制革命为核心的"能源生产关系"。生产力决定生产关系，生产关系对生产力具有反作用。能否推动能源生产力发展是判别能源革命成败的标准。而中国的能源体制尤其是价格体制始终没有较大进步，在一定程度上表明市场化特征还不够鲜明。

能源体制中存在部门分割和利益沉淀等行业垄断现象，这是计划经济在市场经济作用下的沉淀。在过去，能源领域发展依靠政府组织生产和消费。尽管在这一过程中经历过多次调整，但是"政企合一"的状态一直没有改变。计划部门负责协调各部门之间的关系，煤炭工业部（已撤销）、石油化学工业部（已撤销）、电力工业部（已撤销）等部门负责经营生产。改革开放以后，中国能源体制经历了一系列的改革，形式上打破了"政企一体"的局面，但是大部分能源企业隶属于国有企业，本质上还是"政府管理企业""企业服从政府安排"的市场主体；而且多数国有企业在本行业内形成了垄断现象，如中国"三桶油"（中石油、中石化、中海油）基本上垄断了国内原油市场，国内能源市场机制缺乏竞争力，市场体系有待完善。

体制机制核心问题是能源市场价格的确定机制。当前中国能源价格仍然由政府确定，而不是由市场供求关系决定，价格并不能发挥市场资源额度调配功能。政府在一定程度上替代了市场，导致能源领域的市场经济体制并不成熟，能源的商品属性并未得以充分体现。这种能源体制导致的结果直接反映到能源供求、技术等生产力层面，决定着"能源生产力"层面的实施效果。因此，可以说能源革命的关键在于能源体制革命，只有真正"革"掉束缚能源领域发展的生产关系即能源体制的"命"，才能解放生产力，解放能源发展。中国能源领域的革命经历了反复、漫长的社会实践后，现在已经诊断出症结所在，任务紧迫，时不我待。

三、地方政府 GDP 冲动导致能源使用无序

（一）地方政府的"双向代理"特性

早在新中国成立初期，毛泽东曾经把中央政府与地方政府的关系列为十大关系之一，指出"应当在巩固中央统一领导的前提下，扩大一点地方的权力，给地方更多的独立性，让地方办更多的事"。[①] 新中国成立初期，中国实行的是计划经济体制，中央高度集权，实行的是统一购买、统一销售的计划经济，对地方政府来说没有自主权力。国家所有经济物资的生产、需求、销售等都是国家分配，由中央协调管理，地方财政也统一归中央管辖，政绩的考核便是考察地方政府与中央政府是否统一，地方政府只有推行中央指令才能获得晋升，这种体制下的地方政府毫无自主权力。[②]

改革开放之后，影响中国经济体系的关键因素仍然是中央政府与地方政府的关系。20 世纪 90 年代经过市场化改革之后，中国中央政府与地方政府的关系有了较大的改进，确立了新型的中央、地方政府关系，促进了经济社会各方面的发展。随着社会的进步，中央与地方政府的关系仍然存在一些不尽完善的地方，影响着社会主义市场经济体制的完善，也影响着地方经济的发展。

[①] 中共中央文献研究室. 建国以来重要文献选编：第 8 册［M］. 北京：中央文献出版社，2011：213.

[②] 刘华. 中国地方政府职能的理性归位：中央与地方利益关系的视角［J］. 武汉大学学报（哲学社会科学版），2009，62（4）：502-507.

地方政府的双向代理角色。对中央政府来说，中国地方政府在定位与功能上具有两个明显特点：一是地方政府充当着中央政府的利益代表角色，二是地方政府承担着中央政府与非政府主体之间信息桥梁的作用。地方政府发挥着中央政府与非政府主体之间的沟通平台的作用，只有地方政府的存在，两者才能沟通顺畅，且地方政府组成的庞大关系信息网络为中央政府信息收集提供了便利。这些特点决定了地方政府在中央政府和非政府主体之间担任桥梁和中介的角色。地方政府可以代理中央政府进行政策决策，发展当地经济。此外，地方政府代理本地区的非政府主体，执行中央决定，最终实现地方利益的最大化。

当前，中国宏观经济体制正由计划经济向市场经济转型，新旧体制长期并存，不完全的计划和不完全的市场同时存在，政府与企业尤其是地方政府与企业之间的关系并未完全隔断。当前中央政府与地方政府的关系必将影响地方政府政策的落实与实施。在市场化改革过程中，地方政府在财政、土地等资源方面掌握着主动权，其独立的利益主体地位将不断受到强化和巩固。

（二）地方政府行为粗放

在推动经济快速发展的过程中，地方政府发挥着巨大的作用，一方面按照中央指令开展地方经济规划，促进经济增长；另一方面考虑到自身区域内的利益，会选择性执行中央政府政策，甚至会按照当地经济的发展特点对中央政府的政策进行"升级"，保证地方社会经济的利益，实现地方政府的快速发展，赢得中央政府赏识。尤其是之前以 GDP 指标为核心的政绩考核体系，使得一些地方政府的着力点在经济发展，这与中国所处的历史阶段相适应，也无可厚非，但是盲目以经济发展为目的的政府行为经过长时间积累会产生严重的后果，导致生态环境恶化。生态环保意识的薄弱以及政绩考核的双重作用，导致地方政府在能源使用上不尽合理。有些高污染、高耗能的项目在地方落地时把关不严、监管不力，一切以 GDP 为目标的考核导致了地方政府能源使用的无序，并未处理好经济发展与环境保护之间的关系，甚至忽视了环境保护。

随着中央政府对环境保护的重视，政绩考核也发生了变化，除了考察地方政府发展的 GDP，还融入了环境保护、绿色低碳发展等方面。正是在这种考核体制的激励下，一些地方政府极力发展清洁能源产业，尤以新能源的发展为代表。一方面新能源能够带来新的经济增长点，另一方面十分符合中央对绿色低碳的要求，新能源便自然地成为地方争抢的"香饽饽"。国家"十二五"规划中将新能源产业列为新兴战略产业之一，在政策、技术上大力支持新能源的发展，地方政府抓住时机纷纷响应。一些地方不具备发展新能源的条件也要争抢新能源项目落地，新能源在各领域中的建设如雨后春笋般发展起来。一些地方逐渐建立了以新能源为主要噱头的产业园区、产业基地、重点实验室等。新能源具有技术密集型特征，规模化发展需要资金支持，国家对新能源的政策支持补贴力度较大，于是地方政府纷纷申请国家专项资金弥补新能源企业发展资金的缺口，保证新能源企业正常发展。新能源产业是国家政策和地方政府扶植起来的一个新兴产业，随着新能源产业的发展，一些产业矛盾逐渐暴露出来，产能过剩、重复建设等现象频繁发生。

四、区域经济发展失衡影响能源经济发展

中国地域广阔，资源分布不均，加上各地区经济基础不同，国家对地方的政策倾向存在历史差异等因素，中国区域经济发展极不平衡。新中国成立之初，由于历史原因，地区发展极度不平衡，约 70% 的工业分布在沿海地区，只有 30% 分布在内陆地区。

（一）区域经济发展不平衡状况

从经济学角度分析，用 GDP 总量和人均 GDP 来描述中国地区经济

发展状况，主要以东部地区、中部地区、西部地区为研究对象，分析对比东中西部三个地区经济发展差异。根据国家统计局对经济带的划分，将中国分为三个经济带，其中东部经济带包括北京、天津、上海、河北、江苏、广西、辽宁、福建、浙江、广东、山东、海南，共12个省、自治区、直辖市；中部经济带包括山西、河南、内蒙古、吉林、安徽、湖北、黑龙江、江西、湖南，共9个省和自治区；西部经济带包括云南、贵州、四川、甘肃、陕西、宁夏、青海、西藏、新疆、重庆，共10个省、自治区、直辖市。笔者累计计算三个经济带的GDP以及人均GDP，数据列表如下（表1-4）：

表1-4 2011—2020年东中西部GDP总额（亿元，%）

年份	东部	增长率	东北	增长率	中部	增长率	西部	增长率
2011 年	259908.9	—	34024.5	—	103940.0	—	93546.5	—
2012 年	283480.2	9.07%	37542.4	10.34%	115592.5	11.21%	106448.1	13.79%
2013 年	310695.1	9.60%	40485.8	7.84%	127427.1	10.24%	119366.7	12.14%
2014 年	336238.2	8.22%	42163	4.14%	138980.4	9.07%	130922.6	9.68%
2015 年	364282.5	8.34%	41918.3	-0.58%	148415.2	6.79%	139026.0	6.19%
2016 年	396109.7	8.74%	42714.5	1.90%	161098.5	8.55%	151025.9	8.63%
2017 年	437173.0	10.37%	44928.0	5.18%	180259.3	11.89%	169736.1	12.39%
2018 年	476378.3	8.97%	47610.8	5.97%	200973.1	11.49%	189155.3	11.44%
2019 年	509770.4	7.01%	50126.5	5.28%	217515.3	8.23%	204908.3	8.33%
2020 年	525752.3	3.14%	51124.8	1.99%	222246.1	2.17%	213292.0	4.09%

数据来源：根据国家统计局数据整理

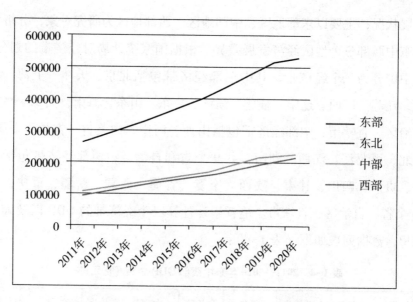

图 1-10 2000—2020 年东中西部 GDP 总额（亿元）
数据来源：根据国家统计局数据整理

从表 1-4 中可以看出，中国东中西部 GDP 都取得了较快增长。同时可以看出中西部地区经济发展速度明显高于东部，但是这种增长速度仍然弥补不了总量上的差距，且差距随着时间的积累正在逐步加大。从占比来看，东部地区经济占据中国经济的比例虽然由新中国成立之初的70%缩减到60%左右，但比中部和西部地区的 GDP 总和还要多。从贡献度上来说，东部共计 12 个省、自治区、直辖市（40%数量占比）却贡献了一半以上的 GDP。从中部与西部对比来看，发展也不均衡，中部地区约是西部地区 GDP 总和的两倍。整体来看中国地区经济发展呈现"东高西低"的特征，且差距较大。

表 1-5 2011—2020 年人均 GDP（元）

年份	东部	增速	东北	增速	中部	增速	西部	增速
2011 年	80.08842	—	6.85692	—	14.70252	—	38.74861	—

续表

年份	东部	增速	东北	增速	中部	增速	西部	增速
2012 年	87.59117	9.37%	7.459203	8.78%	16.20241	10.20%	43.08881	11.20%
2013 年	96.36415	10.02%	7.945451	6.52%	17.67406	9.08%	47.82756	11.00%
2014 年	104.4546	8.40%	8.146984	2.54%	19.08967	8.01%	51.78919	8.28%
2015 年	113.8382	8.98%	7.977674	-2.08%	20.15451	5.58%	54.90036	6.01%
2016 年	124.2519	9.15%	8.048679	0.89%	21.64033	7.37%	59.08531	7.62%
2017 年	138.1161	11.16%	8.348115	3.72%	24.21715	11.91%	65.33208	10.57%
2018 年	151.898	9.98%	8.730299	4.58%	26.92903	11.20%	72.08385	10.33%
2019 年	163.6769	7.75%	9.097788	4.21%	28.99248	7.66%	77.28382	7.21%
2020 年	170.3782	4.09%	9.191673	1.03%	29.71632	2.50%	80.02144	3.54%

数据来源：根据国家统计局数据整理

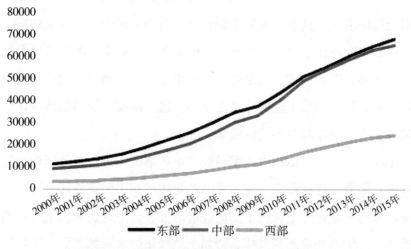

图 1-11　2000—2015 年东中西部人均 GDP（元）

从人均 GDP 来看（表 1-5），和国内生产总值规律相似，东部地区人均 GDP 明显高于西部地区，但与中部地区差距不大，且有明显缩小趋势；中部地区与西部地区差距却日益增大。从增长率上看，2004 年之后中西部人均 GDP 增长率快于东部，但近几年由于整体经济增长压力较大，三地均在低位发展，东部地区好于中西部地区。中国东部地区与中西部地区人均居民收入水平差距小于经济发展水平差距，这与中国实施西部大开发战略和相关补贴措施向中西部地区倾斜有关。这种差距自新中国成立之初就已存在，而且一直延续至今。虽然这也是各个国家经济发展过程中的正常现象，但区域发展不平衡对于整体经济发展会产生不利影响，对实现生态文明中的经济可持续协调发展不利。

（二）区域经济不平衡对能源发展的不利影响

区域发展不平衡除了对经济发展产生不利影响，还会影响社会稳定。除此之外，对于能源的使用也有直接影响——弱化生态环境保护力度，阻碍生态文明进程。正是由于区域发展不平衡，西部地区严重落后于中东部，西部地区就会着力加大经济发展，对当地资源大肆开发，加大对能源的消耗，这对本来就生态脆弱的西部来说无异于雪上加霜。同时，我们也应该注意到，正是由于经济的落后，对于能源清洁技术的投资和使用都会受到制约，大量的资金被用于快速拉动经济增长，而不是能源效率，更别说用于能源清洁之上了。这些都加重了西部地区在经济发展过程中的无序与对环境的破坏力度。

中国正处于经济结构大调整时期，东部地区在进行产业结构升级的过程中，会将一些高耗能、高污染的产业转移到中西部地区。虽然这种产业转移在一定程度上促进了当地经济的发展，但这也加大了对当地环境的破坏。生态环境遭到破坏，诸如土地沙化、水资源污染、空气污染等现象就会反过来制约经济的增长。同时，随着当地人口的增加，会进一步加大当地的落后程度，落后的现状使当地政府不得不运用一切手段发展当地经济。这样，便形成了相互影响的恶性循环的怪圈——"PPE怪圈"。这种由于区域间不平衡所导致落后地区能源矛盾突出的现象除了在中部、东部、西部三个大的区域内存在，在相邻省份的经济圈内也同样存在。如在京津冀经济圈发展过程中，河北省承接了北京非首都功能产业。

五、公众参与度低影响能源革命进程

（一）公众参与的重要作用

既然前文已论述过将能源革命作为实现生态文明建设的途径之一，那么能源革命中各个社会群体对能源的认识和理解影响着能源革命进程，进而影响生态文明建设进程。公众是能源生产与消费的主要参与者，公众参与则是能源革命不可缺少的重要组成部分。

笔者认为公众参与必不可少，尤其是公众在节能减排过程中发挥的作用。首先，社会公众是能源消费的重要组成部分。但一直以来，中国能源经济运行的主体始终是以政府与企业，以及它们之间的关系而展开的，公众在能源经济中的话语权和意识被淡化。但恰恰公众的能源参与或者公众对能源的认识在很大程度上能够影响能源的消费。中国能源消费产生的巨大浪费，从历史的角度来说，是因为国家从农业社会步入工业社会过程中并未形成节约能源的惯性和意识，各地方政府在经济发展的同时对于环境保护和能源的过度使用并未引起重视，这种情况的出现与中国公众的能源参与程度不无关系。1972 年《联合国人类环境会议宣言》中明确提出，"将要求公民和团体以及企业和各级机关承担责任，大家平等地从事共同的努力"，也明确了公众参与对资源利用和环境保护的重要作用。

其次，社会公众还对能源领域的政策制定和实施产生影响，如在能源税收、价格、补贴等方面影响能源领域的投资、研发、生产乃至最终的产业发展结构。近些年来，一些地方公众抗议高污染的化工厂修建，这表明中国民众的环保意识逐渐增强。从这方面来讲，公众参与程度主要体现在了能源供给侧活动上。最后,《中华人民共和国能源法》送审稿中明确强调了"各级人民政府及有关部门进行涉及公共利益和安全的重大能源决策时,应当听取有关行业协会、企业和社会公众的意见,增强能源决策的民主性、科学性和透明度"。因此,要使能源革命进程达到预期效果,实现生态文明建设就需要了解社会公众在能源建设过程中的参与程度及其产生的影响。为此,我们通过田野调查的方式对中国公众在能源领域的参与度进行了调查。

(二) 公众参与度调查案例分析

田野调查又叫实地调查或现场研究,被广泛应用于考古学、人类学、地质学、自然科学和其他社会科学的研究,是研究某个问题之前取得一手资料最直接也是最简洁的方法之一。田野调查要想取得理想的效果,关键在于调查问卷的设计。调查问卷要反映调查的主要目的,还要符合受访者的知识结构水平。考虑到能源是一个相对专业的领域,加上社会公众状况的多样性,本研究调查问卷设计在覆盖关键信息的前提下,在形式上侧重简单明了,以社会公众乐于接受的形式呈现出来。

由于公众是复杂而多样的,并且公众对能源改革的作用往往是间接的,系统了解公众行为比较困难。认识决定行动,我们通过研究公众对中国能源革命进程中相关问题的认识进行了简单数据统计分析,调查公众在能源领域的认知情况,为公众参与现时与未来能源行为提供某种依据。本次田野调查分为两个方向,一是公众对能源发展认知程度调查,二是公众对节能减排认知程度调查。

1. 公众对能源发展认知程度调查

能源涉及的种类较多,传统能源公众接触较多,但我们并没有对传统能源进行调查,而是将调查对象定为新能源,这既符合生态文明和能源革命的要求,又能在未来建设生态文明时对新能源领域公众参与情况有个基本了解，可以将其作为参考。本次调研的问卷共设六道问题，分别考察受访者对新能源的了解程度、对新能源前景的看法及对新能源汽车的了解。同时另设背景调查和调研日记两部分内容，前者旨在记录受访者的年龄、籍贯、学历和工作背景等内容，以便于考察受访者的多样性；后者则通过调研组成员对调研现场的记录，为问卷的真实性和可靠性提供依据，从侧面获得更为详细和充实的资料。此题包括四个选项，"非常了解""了解一些""听说过""不清楚"，旨在从宏观的角度考察公众对于新能源的直观了解。

本次调查共发放调查问卷 300 份，其中有效问卷 236 份，问卷有效回收率为 78.7%。在有效问卷中，受访者来自新疆、河南、黑龙江、山东等在内的多个省区市，既包括新能源发展的前沿地区也包括新能源发展相对较弱的地区；年龄跨度从 10 岁至 75 岁，涵盖了大多数年龄段；受访者包括学生、教师、能源相关行业从业者等。因此，从多样性角度来看，此次调研的数据来源足够广泛，具有一定的参考价值。

造成问卷无效的原因主要有两个：一是部分受访者填写问卷不合规范，故而弃用；二是受访者拒绝填写调查问卷，并声称对调研内容不了解或不感兴趣，为了最后结果的真实性，这部分受访者也被我们记录下来，其人数约占调研总数的五分之一。这个结果也在一定程度上表现出了中国公众对中国新能源问题的淡漠和抵触，公众对于新能源领域没有主动了解的欲望，更高层次的认知以及主动消费更无从谈起。

最后的统计结果如图 1-12 所示，在 236 份有效问卷中，对新能源的了解情况如下：对新能源非常了解比例仅占 8.9%，大部分公众只是对其了解一些，比例占 61.9%，剩余被调查者中约有 28% 的人表示仅仅听说过新能源，1.2% 的受访者对新能源一无所知。尽管超过 70% 的受访者表示自己对新能源有一定的认知，但通过调查组成员的反馈及调研日记可以看出，其中多数受访者的了解还比较浅显和片面，除部分能源相关行业从业者外，多数受访者的信息来源并不是专业的研究机构或企业，缺乏一定的专业性和深度。

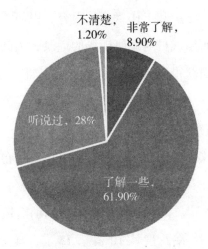

图1-12　公众对中国新能源产业认知情况的简单统计结果

在品种方面，问卷设置了五个选项，即"太阳能""风能""生物质能""新能源汽车"和"都不知道"，该题可以多选，旨在考察公众对于不同品种的新能源的了解情况。调查结果显示，在风能、太阳能、生物质能和新能源汽车四种常见的新能源产品中，太阳能的公众认知度最高，占比达61.9%，这与以太阳能热水器为代表的光热设备在家庭用户中的普及程度有关；公众认知度排名第二的是风能，占比约为35%，目前中国的风能发电也取得了一定进展，特别是在自然条件较好的"三北"地区；公众认知度最低的为新能源汽车，尽管在中国的部分城市，政府正逐渐加大对新能源汽车的推广力度，并通过补贴等方式刺激消费。但就目前来看，公众对新能源汽车的了解程度还有很大欠缺。

针对新能源产品的品种问题，受访者的认知多数来自生活中的直观体验，缺乏对新能源产品的系统了解。值得一提的是，少数受访者有过使用新能源汽车的经历，但由于消费惯性、现实条件限制等原因，他们对新能源汽车做出了负面评价。

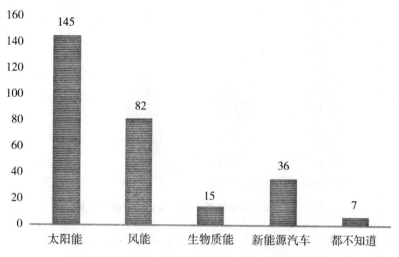

图 1-13　公众对新能源品种了解情况统计结果

关于新能源发展最重要的措施，问卷设计四个选项，即"技术创新""扶持企业""扩大市场""自然发展"，采用多选形式，旨在考察受访者心中目前新能源发展的欠缺因素。调查结果显示，58%的受访者把技术创新放在了新能源产业发展的首位，认为中国新能源要实现长久发展，必须掌握核心技术；而约 27% 的受访者则认为应大力扶植企业，通过建立典型、以点带面的方式促进新能源发展；另有 26% 的受访者则强调市场在新能源产业发展中的作用。

对于新能源从新兴能源变为主流能源的发展时间问题，问卷设置了四个选项，即"5 年""10 年""20 年""说不清"。调查结果显示，多数受访者认为新能源成为常规能源还需要 10 年至 20 年，这个比例在 65% 左右；约 8.9% 的受访者的态度则更为激进和乐观，认为 5 年左右就可以实现新能源常规化；26.27% 的受访者则表示时间无法预估。

面对目前的能源形势，新能源取代石油、煤炭等化石能源是大

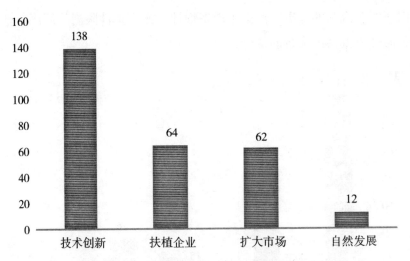

图 1-14　公众对新能源未来发展的认识统计结果

势所趋，也是国家解决能源和环境问题所必须做出的选择，这一点是受访者普遍认同的。多数受访者考虑到目前的发展情况，认为新能源成为主流能源还需要一个较长的时间段，这也是一个比较客观的估计。

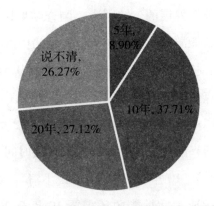

图 1-15　公众对新能源常规化时间认识结果统计

2. 公众对节能减排认知程度调查

本研究 2016 年通过调查表设计、试调研、调查表修改和正式调研等环节，共计走访调查 203 人，调查地点包括河南、山东、黑龙江、新疆等地，公众个体分布广泛，年龄在 16~75 岁，不仅包括能源领域的相关工作者，还涵盖各行各业的从业者，可以较好地代表公众对中国节能减排的认知状况。受访者认真配合填写的有效问卷 163 份，其余问卷包括受访者不配合填写或填写不规范的，没有纳入分析范围。考虑到节能减排是一个专业性较强的领域，有 80% 以上的公众认真配合调查访问，表明公众对中国节能减排问题关注度较高。

中国当前的节能减排措施很多，概括起来主要包括三方面：能源、环境领域的市场化改革（简称市场化），以行政命令对高耗能、高污染企业的关停并转（简称行政命令）和着眼长远的产业结构调整（简称产业结构调整）。本研究主要就公众认为中国节能减排的上述三个关键措施认知情况进行了调查，主要包括实施困难程度、现有效果满意度以及措施实施的未来可持续性三方面。在量化指标上，用百分数来表示公众对中国节能减排实施困难程度（现有效果满意度和实施的未来可持续性）情况，分数越高，公众认为中国节能减排实施困难程度（现有效果满意度和实施的未来可持续性）就越高，反之亦然。调查数据的简单统计分析结果见表 1-6。

表 1-6 公众对中国节能减排的关键措施认知情况简单统计结果（%）

	困难程度			满意度			可持续性		
	均值	标准差	变异系数	均值	标准差	变异系数	均值	标准差	变异系数
市场化	71.2	16.31	0.23	63.27	16.84	0.27	75.98	16.35	0.22
行政命令	62.61	21.23	0.34	64.72	16.6	0.26	67.8	20.37	0.3
产业结构调整	72.28	15.67	0.22	62.75	16.13	0.26	73.99	14.71	0.2

从表 1-6 中可以大致得出公众对中国节能减排主要措施的认知情

况和对比情况。一是公众认为中国节能减排措施的实施有一定困难，但困难程度并不是太高。但是，公众认为对市场化程度、行政命令和产业结构调整三个节能减排措施实施困难程度存在很大差异，行政命令措施被认为是最容易实施的，而产业结构调整则是最困难的。二是总体来看，公众对中国节能减排满意度较低。比较来看，公众对中国节能减排各项措施环节的满意度差别不大，其中行政命令节能减排措施的满意度最高，而对产业结构调整节能减排措施的满意度最低。这表明中国通过行政命令对高耗能、高污染企业实行"关停并转"的措施得到了公众相对较高的认可，而产能过剩、产业结构调整滞后的状况也与公众的认知基本上是一致的。此外，公众对中国节能减排各个措施实施困难程度与对应的满意度基本上是相对应的，实施最困难的措施也是满意度最低的。三是公众对中国节能减排实施可持续性预期乐观程度相对较高。尽管公众对行政命令当前在节能减排实施的效果最为满意、认为实施困难程度也最低，但公众对该措施的可持续性预期也是最低的。节能减排的市场化措施被公众认为是最具可持续性的，这表明公众认识到依靠市场化改革才是长远解决中国节能减排问题的根本。四是尽管公众对中国节能减排满意度、实施困难程度和可持续性三个措施认知存在差异，但是，各个认知指标的变异系数都比较高，表明公众对中国节能减排问题的认知分歧较大，尤其是公众对节能减排中行政命令措施在困难程度和可持续性上的认识分歧更加突出，表明公众对自上而下通过行政命令推动节能减排的信心不足。

从表1-6来看，公众对中国能源产业发展状况了解情况较差。从品种上来看，对于发展较快也较为迅速的太阳能了解较多，而对于覆盖面较小的生物质能了解甚少，甚至有些人对于新能源的概念一无所知，对于新能源汽车也并不"感冒"。这说明中国在发展新能源产业时忽略了消费者的感受，消费者对于新能源的认识、了解以及接受程度还未达成一致，这为未来发展新能源产业提供了很好的参考意义——公众意识对于能源尤其是新能源发展起到重要的推动作用，新能源汽车市场在全国的低迷程度也可想而知。多数公众对于未来新能源产业发展是充满信心的，大多数消费者认为中国在 5 至 10 年时间将会实现新能源产业的常规化发展。在产业发展过程中，最重要的是技术创新，这符合新能源产业发展特征，也符合中国的能源政策导向。我们可以看出扶植相关企业、扩大新能源市场也是产业发展的关键所在，可以说这三方面与当前中国制定的产业政策不谋而合。

从公众对节能减排的认知来看，公众认为节能减排是可以实现的，通过行政命令的实施是可行的，但是对可持续性存疑。产业结构调整和市场化两方面的困难程度较大，并且对当前的满意度较低，但是公众对这两种情况的可持续性充满信心。从变异系数来看，公众对节能减排的认知分歧较大，尤其是对行政命令的可持续性分歧较为突出，这也从侧面反映出公众对行政命令式推进节能减排的信心不足。

总之，在能源发展领域和节能减排方面，尤其是在实现以新能源为标志的生态文明过程中，公众的认知程度和态度不容忽视。公众认知情况在一定程度上决定着公众的行为。我们需要公众参与整个文明进程中来，一方面可以了解公众的态度，另一方面可以"对症下药"，在充分调查研究和因地制宜的基础上，更好地为能源发展和生态文明建设服务。

第二节　国际背景及原因

全球正经历着深刻的能源变革。这种变革具体体现为全球能源供需宽松化、能源供给低碳化、能源系统智能化、能源格局多极化、能源治理复杂化、能源安全多元化。总体来看，由于美国"页岩气革命"的影响，全球能源正在从煤炭向石油和天然气转型，并逐步由油气向太阳能、风能及新能源转型。

一、全球生态恶化推动世界能源结构重塑

（一）全球生态恶化

21世纪以来，气候变化引发的生态环境问题越炒越热。气候变化主要从三方面进行探讨，全球气候变暖、臭氧层破坏以及酸雨的形成。三者之中气候变暖是影响最大也是人类亟须解决的问题，其关系到人类未来的发展。气候变化的原因有自然本身的因素，也有人为因素，而科学家研究指出人为因素将是最主要原因。第一次工业革命以来，人们对化石能源的无节制使用产生了大量的温室气体排放，导致全球气候变暖。据统计，自1750年以来，全球累计排放二氧化碳一万多亿吨，发达国家的排放量占80%左右。2016年联合国环境规划署在伦敦发布《排放差距报告》，其预测到2030年全球共计排放二氧化碳当量将达到540亿~560亿吨。这一数量远高于控制2℃目标所需要的420亿吨，届时全球温度最低升幅将控制在2.9℃~3.4℃内。[①] 此外，世界气象组织发布全球气候报告指出，2011—2015年比1961—1990年标准参考期平均气温高出0.57℃，是有气温记录以来全球气温最高的5年。2015年不仅二氧化碳浓度首次达到400ppm，而且全球海表温度也达到了历史最高值。由气候变化导致的全球自然灾害频发，冰川消融、海平面上升，一些小面积的岛国和沿海低洼地带人类的生存受到威胁。生物多样性同样受到威胁，全球生物濒临灭亡种类逐年增加。另据世界气象部门

---

① 联合国环境规划署.排放差距报告［EB/OL］.中国能源新闻网，2015-11-06.

统计，2011—2015 年北极海冰面积较 1987—2010 年减少了 28%，仅存 470 万平方公里。自 1993 年有卫星记录以来，海平面平均每年以 3 毫米左右的速度上升，这与 1900—2010 年海平面平均上升 1.7 毫米有较大幅度的增加。除此之外，人类活动导致气候变化。2011—2015 年内极端天气事件频发，其中极端高温天气发生的概率增加 10 倍以上。

在过去 10 年间，世界能源市场持续转型升级，全球已然呈现出发展清洁能源经济的竞争态势。在此背景下，很多国家进行能源革命、追求能源转型的政治意愿不断增强，在未来将会更加重视能源革命和气候变化政策协同发展。

（二）页岩气革命重构世界能源格局

20 世纪 70 年代发生的石油危机引发世界经济危机。美国较早提出了"能源独立"的构想，出台相关政策和提供资金支持来开发新能源和新技术以减少对化石能源的依赖和进口，希望通过新能源发展替代传统能源，走"能源独立"道路。1997 年页岩气水压增产技术逐渐成熟；1999 年重复压裂增产技术迅速推广与发展，经过四年发展该技术逐渐趋于成熟；2006 年分段压裂与水平井综合技术又实现突破。近十年，美国页岩气水力压裂法、水平钻井法等成熟技术的运用，不仅降低了页岩气的开发成本，还发现大量的可采量，无论是从技术角度分析还是从经济角度分析，都极大地补充了美国的能源生产与消费。[①] 技术的进步开启了美国页岩气革命，大规模的页岩气被开发与使用，美国能源消费结构也因此出现巨大变化，原油等化石能源的使用大幅度减少。目前，美国已经从原油进口国转变为原油出口国，这与页岩气的开发与使用不无关系，美国"能源独立"强度逐渐加大。

---

① 林珏. 美国的"页岩气革命"及对世界能源经济的影响［J］. 广东外语外贸大学学报，2014，24（2）：27-31.

美国页岩气革命产生了一系列影响，改变着整个世界能源格局。首先，美国依靠页岩气的开发，一举取代了俄罗斯成为世界上天然气开发量最多的国家。同时欧盟期望增强俄罗斯对其天然气出口的限制，对美国出口页岩气期待很高，俄罗斯天然气出口受到重大影响，从而影响了俄罗斯在天然气领域的国际话语权。此外，页岩气革命使得美国国内天然气价格降低，美国制造业成本大幅降低，促使制造业回流以及加快美国经济的复苏，并且美国经济发展可以建立在以页岩气为主的非化石能源基础之上，更快且更有底气地走绿色低碳的经济发展之路，走向生态文明。美国页岩气革命不仅改变了当前的国际能源格局，还为国际军事、政治、经济等各方面带来不可预测的影响。页岩气逐渐成为美国的主要能源之一，能源自给程度不断提高，以石油著称且是美国石油进口主要来源地的中东地区地位也逐渐下降，预计未来美国页岩气的出口将不断加大并增强美国在世界油气领域的话语权，巩固其在能源领域中的领导地位。

虽然业界对页岩气开发是否会对地下水及生态环境有严重影响有着不同的意见和争论，但是这不会影响页岩气在美国甚至是北美地区未来一段时间的发展。[①] 我们看到能源技术进步对于推动能源发展甚至是改变能源格局产生了巨大影响，这也不得不让我们思考当前中国在能源技术还相对落后的基础条件下，如何进行技术革命：一方面要保证中国能源的开发使用，另一方面在国际能源格局变化中为中国能源的安全起到技术支撑作用。可以说页岩气革命使人们认识到能源技术的发展会促使能源格局的变化，甚至会影响经济结构的变化，是实现绿色低碳发展重要的推动力之一。

---

① 中国国家经济交流中心课题组，吴越涛. 中国能源革命的国内外环境及路径研究 [J]. 中国市场，2014（32）：16-20.

(三) 世界可再生能源蓬勃发展

杰里米·里夫金 (Jeremy Rifkin) 提出第三次工业革命，可再生能源与互联网的结合将极大改变人类的发展方式和能源使用方式，其中新能源的发展扮演着重要角色。从人类发展史来看，新的文明形态的形成和成熟是以能源革命的推行和完成为前提的。正如农耕文明之于薪材时代，工业文明之于化石能源时代，生态文明之于可再生能源时代。[①] 所以说，生态文明最大的特征应该是可再生能源的发展与其地位在能源体系中的提高。近些年来，世界各国也不约而同地重视可再生能源的发展，并对其进行政策扶持。早在 2016 年全球已经有 174 个国家制定了可再生能源发展目标，146 个国家出台了支持政策，多个城市、社区以及企业率先展开迅速壮大的"100%可再生能源"行动。[②] 2015 年全球可再生能源电力和燃料总投资额达 2860 亿美元。这些政策、资金极大地推动了可再生能源的跨越式发展。2015 年可再生能源装机容量约为147GW，为可再生能源发展史上最大规模的新增容量。可再生能源在全球发电量中占 23.7%，而 2014 年这一比例仅为 19.2%。而在可再生能源发电量中，水电、风电扮演了重要角色，分别占全球发电总量的16.6%、3.7%。城市可再生能源发展迅速，仅 2019 年就有 533 个城市发起了 171 个可再生能源项目，项目金额合计高达 312 亿美元。截至2020 年年底，全球 72 个国家的 834 个城市制定了可再生能源发展目标，799 个市政颁布实施了政策法规加大对可再生能源的投资、采购和使用力度，617 个城市承诺要实现 100%的可再生能源发展，249 个城市制定

---

① 张宪昌. 文明演进视阈下的中国能源革命 [J]. 中共云南省委党校学报，2016，17 (3)：39-43.

② 2016 年全球可再生能源现状报告 [EB/OL]. 21 世纪可再生能源政策网，2016-06-01.

并通过了"低碳区",推动可再生能源发展。① 2020年可再生能源装机容量近280GW,为可再生能源发展史上最大规模的新增容量。可再生能源在全球发电量中占比高达28%,较2019年增长7%。据国际能源署预测,到2026年,全球可再生能源发电量将跃升至4800GW,比2020年增长60%以上,可再生能源将占全球新增发电量的95%,② 可见可再生能源发展前景广阔。

除了可再生能源在规模投资上取得巨大进步,能源技术突破也大多出现在可再生能源领域,如光伏转换效率的提高、核电安全系数的提升、新能源汽车续航里程等。技术进步则是其另外一个亮点。"互联网+能源"模式逐渐兴起,加快了可再生能源的推广速度和便捷使用。清洁交通工具尤其是新能源汽车的发展逐渐被民众接受并取得快速发展。世界气候变化以及人类对绿色、清洁、可持续发展的呼吁使可再生能源取得了跨越式发展。可再生能源的进步将会改善世界能源使用的习惯与方式,极大地促进各国在经济发展方式上的转变,进而对世界生态环境产生积极深远的影响。

二、发达国家能源变革促进国际能源合作

(一)发达国家积极推进能源革命

近年来,气候变化逐渐引起各国重视,发达国家加速进行了国内能源改革,尤其注重发展可再生能源,增强能源的国际竞争力和抢占能源发展优势。我们选取美国、日本、欧盟作为主要研究对象,概括其能源战略。

---

① 2021年全球可再生能源现状报告 [EB/OL]. https://www.iea.org, 2021-03-18.
② 2011年可再生能源市场报告 [EB/OL]. https://www.iea.org, 2022-01-20.

1. 美国

美国从小布什政府开始就确立了以新能源为核心的新兴产业战略，时任美国总统小布什签署了《2005 国家能源政策法》，其中规定美国从 2005 年开始将实施光伏投资税减免政策。2007 年美国国会通过《美国能源独立与安全法》，这被定义为美国能源变革的开端，其规定到 2025 年清洁能源技术与效率投资额达到 1900 亿美元，并对投入进行了分解：10.6%用于电动汽车技术研发，31.5%用于碳捕捉与封存技术，47%用于能源效率与可再生能源领域，剩余约 200 亿美元用于基础科学研究。2008 年金融危机的爆发加快了美国政府对新能源产业的关注，其主要目标就是大幅提升可再生能源在能源消耗中的比例。美国政府推动的清洁能源复苏战略，一方面基于当时美国经济需要新增长点带动，另一方面改变了美国乃至世界能源发展道路。在 2009 年奥巴马执政时期美国推出了绿色新政，通过了《2009 年美国复苏与再投资法案》《美国清洁能源与安全法案》，将继续加大对可再生能源尤其是对新能源及新能源汽车的投资。2014 年美国与中国签订《中美气候变化联合声明》，承诺到 2025 年，将在 2005 年基础上减少 26%~28%的温室气体排放。此外，在政府的推动下，美国页岩气得到快速发展，一度改变了美国能源和世界能源格局。以特斯拉为代表的新能源汽车异军突起，成为世界新能源汽车的标杆，美国已经在可再生能源领域领先世界，以新能源发展为代表的新一轮能源革命在美国正悄然开展起来。[①]

2. 日本

2011 年 3 月，日本福岛核电站发生泄漏事故后，世界对能源安全进行了重新评估。作为受害国，日本对能源使用尤其是对可再生能源使

---

① 刘海英. 传统能源地位突出 可再生能源前景不明 美"能源主导"新时代何去何从 [N]. 科技日报，2017-07-07（2）.

用安全和未来发展进行了重新审视。2014 年 4 月，日本制定了《能源基本计划》，其中明确提出要尽可能降低核电在能源使用结构中的比例，但其后调整规划，计划在 2030 年调整核电在发电比例中达到 20%~22%。日本在 2015 年发布的《日本 2030 年温室气体减排目标》中提出 2030 年比 2013 年减少温室气体排放 26% 的目标，并增加核能发电和可再生能源的使用，可再生能源比例提升至 21%，降低火力发电电力供应占总目标的 21.9%；并指出要通过减少氟利昂的使用、增加森林面积等措施来提高对二氧化碳的吸收。[①] 2016 年日本发布了《能源革新战略》，对节能、可再生能源制度进行修改，进而对国内能源结构进行变革。能源变革结合国内经济增长情况、全球气候变暖问题，针对节能、可再生能源、能源供给三方面进行了战略规划。不难看出，可再生能源在日本能源战略调整中仍然具有十分重要的战略地位。

3. 欧盟

欧盟国家一直重视清洁能源的使用，经历了三次重大改革。20 世纪 90 年代，欧盟提出第一次能源改革方案，其主要内容在于开放成员国国内的能源市场，从整体上推进能源部门效率和提升欧盟经济竞争力。欧洲理事会在 2000 年 3 月提出第二次能源改革，指出要加速实现天然气和电力市场的自由化，并通过了一系列政策推进能源市场自由竞争。欧盟前两次改革仅从能源市场入手，目的在于加强欧盟能源一体化建设。直至 2007 年欧盟开始第三次能源改革，将应对气候变化和可持续发展作为重要内容，提出《欧盟战略能源技术计划》（简称 SET 计划），其中明确了 3 个 20% 目标（2020 年温室气体比 1990 年减少 20%，能效提高 20%，可再生能源消费比例提升至 20%）；此次改革还特别强

---

① 张宪昌. 文明演进视阈下的中国能源革命 [J]. 中共云南省委党校学报, 2016, 17 (3)：39-43.

调了欧盟能源安全问题，旨在加强欧盟各成员国之间在能源问题上的合作。[①] 2008 年欧盟通过了欧盟战略能源技术计划，提出推进风能、太阳能、生物技术等可再生能源技术研究。2010 年 6 月欧盟通过了《2020 能源战略》，通过能源基础设施更新降低能源供应风险，适应能源结构变化，巩固欧盟在国际技术市场的地位。[②] 2011 年欧盟发布了《2050 迈向具有竞争力的低碳经济路线图》，要求到 2050 年可再生能源占比相对 2007 年目标再次提升到 55%以上，能源消费中新能源比例提升至 75%。2015 年欧盟签署《巴黎协定》，承诺在 2030 年前减少能源使用 30%，减少二氧化碳排放 40%，可再生能源占 27%，50%来自电力供应，并推进智能建筑、智能金融计划等。一系列的改革规划使欧盟能源变革逐步深入，旨在增强欧盟能源竞争力和倡导节能减排以保护生态环境。

（二）国际能源合作趋势加强

1. 保证能源安全的需要

1993 年中国由原来的原油出口国转变为原油进口国，并且原油进口量逐渐增加，对外依存度也逐步上升。如图 1-16 至图 1-19 所示，中国原油进口量从 2006 年的 1.45 亿吨上升到 2016 年的 3.81 亿吨，年均增速达 26%；同年，中国原油的对外依存度已经上升到 65.5%，远远高于世界 50%的警戒线，而且这一指标还将继续扩大。近几年天然气使用虽然取得快速发展，但整体在中国一次能源结构中的比例仍然小于 10%，与世界水平的 25%仍然存在一定差距，这一方面受中国长期的能

---

① 程荃. 欧盟第三次能源改革方案及其对中国的启示 [J]. 暨南学报（哲学社会科学版），2011，33（5）：92-97，162-163.

② 张小军，马莉，郭磊. 欧盟 2020 年能源战略及其对中国的启示 [J]. 能源技术经济，2011，23（6）：16-19.

源发展结构影响，另一方面与中国天然气储量、产量较低有关。2016
年中国天然气储量4.9万亿立方米占世界的2.5%，产量1243.57亿立
方米占世界的4.9%。天然气对外依存度也随着对进口量的快速增长呈
现爆发性增长。2006年天然气对外依存度只有1.68%，截止到2023年
天然气依存度骤增至42.2%。尽管中国煤炭资源丰富，但煤炭进口呈现
增长趋势。2013—2015年这三年，由于去产能的开展，进口量才逐渐
下降。总体来看，中国主要能源进口总量逐年增加，对外依赖性逐年增
强，这严重威胁了中国的能源安全。中国需要加强与其他国家的联系，
促进与世界其他国家的能源合作，共同抵御由于能源进口带来的能源安
全风险。

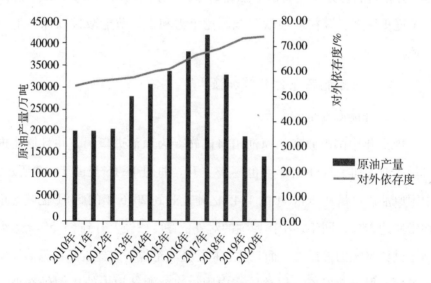

图1-16　2011—2021年中国原油对外依存度

数据来源：《中国石油和化工经济数据月度报告》

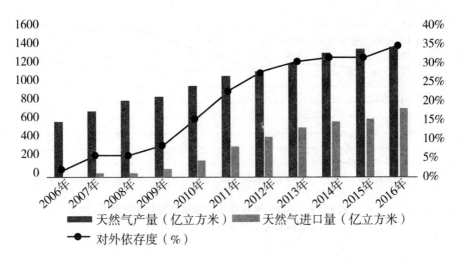

图 1-17　2006—2016 天然气出口量和生产量

数据来源：《中国统计年鉴 2016》

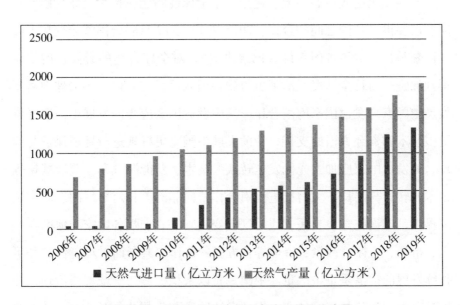

图 1-18　2006—2020 年天然气出口量和生产量

数据来源：《中国统计年鉴 2020》

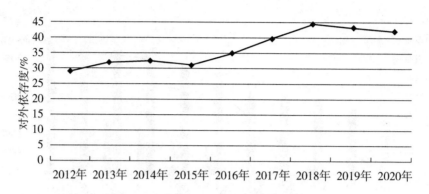

图1-19　2011—2021年中国天然气对外依存度

数据来源：《中国石油和化工经济数据月度报告》

2. 气候全球治理的需要

气候变化造成生态环境恶化是一个全球性问题，解决全球气候变化问题需要世界各国之间的合作。2015年12月12日联合国气候变化大会在巴黎举行，世界各国签订《巴黎协定》，对全球合作的必要性的认识得到加强，而且全球气候治理也得到各国认可。在全球气候治理中需要发展中国家与发达国家南南合作，其中发达国家应当向发展中国家提供更多技术和资金方面的支持，帮助发展中国家更好地进行环境保护与治理，如发达国家应加大光伏发电转换率技术、新能源汽车、节能减排等技术的转让与出口。大力推进南南合作，向非洲等相对落后的发展中国家提供基础设施建设支援，应对气候变化影响。加强各国家与地区在技术、市场、法律、政策、资金等各方面的协作，共同面对环境保护和可持续发展的举措是重中之重。中国一直以来积极参与全球气候治理，开展具有中国特色的气候外交，推动发达国家与发展中国家合作。《能源生产和消费革命战略（2016—2030）》于2017年4月25日正式公布，按照立足长远、总体谋划、多元合作、互利共赢的方针，拓宽能源领域、促进能源全产业链合作，构建连接世界与中国的能源合作网络，打造能源合作的利益共同体和命运共同体。中国一方面要通过参与国际能源事务，提升在国际能源署、国际能源论坛及国际能源宪章等多边机构的参与度，提升国际能源话语权；另一方面要深化与发达国家在能源技术、人员交流、能源金融等各方面的合作。气候变化是人类面临的共同挑战，在 2021 年 11 月第 26 届联合国气候变化大会上，中国同欧盟等 195 个国家（地区）签署《格拉斯哥气候公约》，就《巴黎协定》的实施细则达成共识，并协定到 2030 年全球二氧化碳排放量比 2010 年减少 45%，同时与美国联合发布《中美关于在 21 世纪 20 年代强化气候行动的格拉斯哥联合宣言》，坚定落实责任，加速绿色转型，同时大力支持发展中国家绿色低碳发展，推动多边进程，促成国际社会全面应对气候变化。

　　3. "一带一路"倡议需要

　　2015 年 3 月国家发改委联合多部门发布了《推动共建丝绸之路经济带和 21 世纪海上丝绸之路的愿景与行动》，其中在加强与共建国家能源领域合作五个方面的沟通包括政策沟通、设施沟通、贸易沟通、资金融通、民心相通等。此外还要注重能源基础设施的互联互通，共同维护油气管道的运输安全，共同推进跨区域电力运输，积极开展区域电网升级改造合作。[①] 国家主席习近平在 2015 年 9 月 26 日联合国峰会上发表了题为《谋共同永续发展，做合作共赢伙伴》的讲话，指出："中国倡议探讨构建全球能源互联网，推动以清洁和绿色方式满足全球电力需求。"我们知道"一带一路"共建国家能源资源十分丰富，中国要不断加强与共建国家在能源方面的合作，确保能源输送畅通，以提升共建国家的能源供给能力，提升能源供给的互补互济水平。这对于保障中国能

---

① 本刊编辑部. 实施"一带一路"打造全方位对外开放新格局 [J]. 时代金融，2015（13）：18-19.

源安全和保证经济平稳发展具有重要战略意义。① 此外，"一带一路"共建国家技术需求和基础设施需求旺盛，中国在核电、太阳能、风电等技术方面和能源基础设施的设计、制造以及运营方面有一定的优势，这为中国能源企业"规模出海"进行技术输出提供了绝好时机。2021 年 11 月 19 日，国家主席习近平在出席第三次"一带一路"建设座谈会时发表重要讲话，强调，完整、准确、全面贯彻新发展理念，以高标准、可持续、惠民生为目标，巩固互联互通合作基础，拓展国际合作新空间，扎牢风险防控网络，努力实现更高合作水平、更高投入效益、更高供给质量、更高发展韧性，推动共建"一带一路"高质量发展不断取得新成效。

4. 实现"碳中和"的需要

人类活动深刻影响全球气候，气候危机影响范围逐步扩大。目前，全球地表平均温度增长已超过 1℃，由全球变暖引起的自然灾害不断增多，气候风险越来越多，气候变化是全球性问题。为推进全球气候治理进程，有效控制温室气体排放，实现碳达峰、碳中和极为重要。碳中和是一个全球性的治理举措，也是人类的共同利益，需要世界各国的共同努力。2020 年，我国提出 2030 年实现碳达峰、2060 年实现碳中和，这一目标为广大发展中国家提供了示范，同时，越来越多的发达国家正在将其转变为国家战略，明确碳中和时间表（表 1-7）。

表 1-7　欧美主要国家碳中和时间表

国家	承诺实现碳中和的时间	国家	承诺实现碳中和的时间
德国	2050 年	瑞士	2050 年
法国	2050 年	挪威	2050 年

① 刘叶琳. 多举措升级能源国际合作 [N]. 国际商报，2017-05-04（A5）.

续表

国家	承诺实现碳中和的时间	国家	承诺实现碳中和的时间
英国	2050 年	奥地利	2040 年
西班牙	2050 年	意大利	2050 年
瑞典	2045 年	芬兰	2035 年
美国	2050 年	丹麦	2050 年
加拿大	2050 年	葡萄牙	2050 年

三、气候协定与中国贡献

全球气候变化很早就引起了国际组织的关注。1979 年第一次世界气候大会呼吁保护全球气候；1992 年通过了《联合国气候变化框架公约》，其中明确了发展中国家与发达国家在保护气候方面的责任，制定了行动框架，争取控制全球温室气体排放，减少人为活动对全球变暖的影响；1997 年通过的《京都议定书》确定了发达国家 2008—2012 年减排目标；2007 年 12 月确定加强《京都议定书》和《联合国气候变化框架公约》的实施，分头展开谈判达成了"巴厘路线图"；2009 年 12 月在丹麦哥本哈根举行缔约方会议，商讨《京都议定书》一期承诺后的后续解决方案，这是继《京都议定书》后又一具有划时代意义的全球气候协议书，但遗憾的是这次会议协定并无法律约束力；2010—2012 年全球气候大会谈判均以失败告终；2013 年和 2014 年的全球气候大会进展缓慢，诸多问题仍未达成一致意见；直至 2015 年 12 月 12 日，在中国的推动下，《巴黎协定》被《联合国气候变化框架公约》中的 200 个缔约方一致通过，《巴黎协定》将为 2020 年后全球应对气候变化行动作出安排，具有里程碑意义。①

---

① 金晨曦，李依风. 全国性碳市场整装待发［J］. 国家电网，2017（1）：42-46.

在这次大会上，中国国家主席习近平在巴黎大会开幕式上发表了题为《携手构建合作共赢、公平合理的气候变化治理机制》的重要讲话，中国再次承诺将于 2030 年左右使二氧化碳排放达到峰值并争取尽早实现,[①] 2030 年单位国内生产总值二氧化碳排放比 2005 年下降 60%～65%，森林蓄积量比 2005 年增加 45 亿立方米左右，非化石能源消费占一次能源消费比重 20%左右。

2017 年 7 月 18 日，中国政法大学曹明德教授应邀出席在联合国总部举办的"可再生能源：可持续发展的经济驱动力"会议，并在会上做了题为"可再生能源在中国经济发展与消除贫困中的作用"的发言。曹明德教授表示，可再生能源是中国政府应对气候变化的重要选项之一。中国已经制定了包括《中华人民共和国可再生能源法》在内的一系列法律和政策，并承诺于 2017 年建设全国统一的碳排放交易市场，进一步运用市场手段来减少温室气体的排放，与国际社会一道共同应对全球气候变化问题。[②]

而当地时间 2017 年 6 月 1 日，时任美国总统特朗普宣布美国退出应对全球气候变化的《巴黎协定》，《巴黎协定》于 2015 年达成，2016 年 11 月生效。《巴黎协定》是继《京都议定书》后第二份有法律约束力的气候协议。美国的退出给全球气候治理问题带来变数。尽管美国退出协定将削弱全球合作应对气候变化的努力，但中国、德国、法国和意大利等主要缔约方均表示积极履行，成为《巴黎协定》得以遵守的压舱石。《联合国气候变化框架公约》秘书处强调，《巴黎协定》不会因为单个缔约方的要求而重新协商。李克强 2017 年 6 月 2 日出席第十九

---

① 王奋，朱麟，于晓霞. 巴黎气候峰会后，中国怎么办? [J]. 商业观察，2016 (3)：32-34.

② 曹明德教授应邀在联合国可持续发展高端政治论坛活动上发言 [EB/OL]. 中国政法大学新闻网，2017-07-21.

次中国—欧盟领导人会晤时表示，中国政府积极参与推动并签署《巴黎协定》，将会继续履行《巴黎协定》承诺。中国外交部也指出，中方愿与有关各方共同努力，共同维护应对全球气候变化的《巴黎协定》成果，推动实施细则的后续谈判和有效落实，推动全球绿色、低碳、可持续发展。

时隔四年，在格拉斯哥的第二十六次《联合国气候变化框架公约》缔约方大会上，中方代表团以建设性的态度积极沟通磋商，在分歧中探寻共识，与美国联合发布《中美关于在 21 世纪 20 年代强化气候行动的格拉斯哥联合宣言》，推动完成《巴黎协定》实施细则遗留问题谈判，彰显中国负责任大国形象，贡献中国智慧与中国方案。2021 年 11 月 13 日完成谈判，双方就《巴黎协定》实施细则达成共识，推动《巴黎协定》落实，开启全球应对气候变化的新征程。

从国内和国际两个层面阐述推进能源革命的背景。从国际背景看，全球气候变化，生态环境逐年恶化，全球正遭受生态环境恶化的惩罚。美国页岩气革命对全球经济发展方式以及能源格局所产生的重要影响，促使各国能源变革。世界可再生能源的快速发展进一步推动了中国对能源领域的认识，美国、日本、欧盟等发达国家和地区的能源变革也在很大程度上促使中国进行新一轮能源革命。从国内看，生态环境恶化造成土壤、水、大气等自然资源的污染；能源领域矛盾突出，能源使用逐年大幅增长、能耗较大、技术水平相对落后以及能源体制制约能源市场化发展。此外，能源安全风险加大，气候问题的全球治理以及"一带一路"倡议都要求中国能源领域进行一次史无前例的能源革命从而推进能源领域向纵深发展。

第二章

生态文明与能源革命的内涵与外延及二者的关系

第一节　生态文明的内涵与外延

一、生态文明的内涵

生态（ecology）一词源于古希腊字，意思是家（house）或者我们的环境。简单地说，生态就是指一切生物的生存状态，以及它们之间和它与环境之间环环相扣的关系。生态学（Ecology）的产生最早也是从研究生物个体开始的。1869年，德国生物学家恩斯特·海克尔（Ernst Haeckel）最早提出生态学的概念，它是研究动植物及其环境、动物与植物之间及其对生态系统的影响的一门学科。如今，生态学已经渗透到各个领域，"生态"一词涉及的范畴也越来越广，人们常常用"生态"来定义许多美好的事物，如健康的、美的、和谐的事物均可以"生态"修饰。当然，不同文化背景的人对"生态"的定义会有所不同，多元的世界需要多元的文化，正如自然界的"生态"所追求的物种多样性一样，以此来维持生态系统的平衡发展。[①] 1865 年勒特（Reiter）将希腊字研究（logos）与房屋、住所结合在一起构成生态学，后又成为一门学科，主要研究生物与他们生存环境之间的关系。"文明"一词指代人类发展的光辉成果，是改造物质世界和精神成果的总和，也是人类进步的重要标志之一。从中国历史传统上讲，汉语"文明"一词，最早出自《易经》："见龙在田、天下文明。"古书《尚书》将"文明"定义为，"经天纬地曰文，照临四方曰明"，指改造自然为"文"，远离愚昧谓之"明"。文明讲究一种高尚的物质和精神世界。在西方语言中文明一词源于古希腊"城邦"的代称，引申为一种先进的社会和文化发展状态。恩格斯认为："文明是实践的事情，是社会素质。"[②] 而将"生态"与"文明"结合在一起，构成的"生态文明"对人类来讲，是追求一种高尚的、先进的社会与文化发展状态，并能够处理好人类与人类发展所依赖的自然环境之间的关系，人、环境、经济社会发展三方能够达到一种和谐共生、平衡发展的可持续良性循环的发展状态。它必将是人类发展史上的一个新阶段，有别于之前的各个文明阶段。

从历史角度来说，人类共经历了三大文明阶段：原始文明、农业文明、工业文明。原始文明阶段以狩猎采集为主，农业文明阶段人类开始使用工具改造自然，主要以农作物种植生产为主。工业文明阶段人类开始利用能源开启现代生活，以征服自然为特征。工业文明进程中人类发展对自然环境造成了大的破坏，已经严重影响到人类社会的发展与进步，世界正在呼吁新的文明出现——生态文明，即以人类发展与自然的和谐共处为主的新的文明。如果将每一次文明都赋予颜色的话，除原始文明以外，农业文明以农作物为主可以称为"黄色文明"，工业文明以

---

① 生态的概念［EB/OL］. 中国环保网，2008-10-30.

② 中共中央马克思恩格斯列宁斯大林著作编译局. 马克思恩格斯文集：第 1 卷［M］.
北京：人民出版社，2009：97.

石油能源的使用为主可以称为"黑色文明"，那么生态文明以绿色发展为主应该称其为"绿色文明"。

从内涵上讲，所谓"生态文明"，强调人们在开发利用自然的同时，要注重其所带来的后果。在自然环境和社会环境所能承受的范围内进行开发使用，尊重自然规律，在经济发展的同时注重生态环境建设，改善生态环境质量，有效平衡人类经济社会发展与自然生态环境系统承载力之间的矛盾。这单单是从生态文明定义层面的单一维度来讲，生态文明是一个复杂、多变、动态的行为过程。它与中国提出物质文明、精神文明、政治文明、社会文明是相互发展、相互促进的，生态文明在一定意义上贯穿其他文明建设全过程。生态文明是独立于物质文明、政治文明和精神文明之外的一种文明形式，并对他们具有重大的制约性影响。[1] 党的十八大报告中提出"把生态文明建设放在突出地位，融入经济建设、政治建设、文化建设、社会建设各方面和全过程"。生态文明就是人类在改造自然、社会以及自我的过程中不断促进人与自然、人与自身、人与社会、人与人之间和谐共生的进步状态。[2]

二、生态文明的外延

（一）生态安全

20 世纪 80 年代，切尔诺贝利核电站事故对环境、植被等造成了不可挽回的损害和不可磨灭的影响，严重威胁当地及周边国家的生态系统，生态安全问题也由此被人们提出。加之 20 世纪 90 年代各国由于恶劣的生态环境引发的沙尘暴、厄尔尼诺现象、全球气候变暖等，使人类

---

[1] 张云飞. 试论生态文明在文明系统中的地位和作用 [J]. 教学与研究, 2006 (5): 25-30.

[2] 张首先. 生态文明: 内涵、结构及基本特性 [J]. 山西师大学报 (社会科学版), 2010, 37 (1): 26-29.

逐渐认识到全球性环境公害具有跨越国界的明显特征，生态安全越来越受到各国及国际组织的关注。总部设在奥地利维也纳的国际应用系统分析研究所提出了生态安全的定义，即在人们的生活、健康、安乐、基本权利、生活保障来源、人类适应环境变化的能力等各方面不受威胁的状态，包括自然生态安全、经济生态安全以及社会生态安全，组成一个复合人工生态安全系统。

1998 年亚太安全与和平发展会议中首次提到 21 世纪的两大政治问题：一是生态安全，二是资源安全。这也表明生态安全不是孤立存在的，是与国家各方面的安全息息相关的。随后俄罗斯、美国分别成立了关于维护生态安全的组织部门。2000 年国务院发布的《全国生态环境保护纲要》中首次提到了"维护国家生态环境安全"，从国家层面开始重视生态安全，尤其是生态环境安全，而这也是生态安全的主要方面。2010 年和 2012 年生态安全合作组织分别主办了第一届和第二届"世界生态安全大会"，并提出"世界生态文明宣言与生态安全行动纲领"，将生态文明建设与生态安全融合在一起。2014 年 4 月 15 日，国家主席习近平主持召开中央国家安全委员会第一次会议并提出了国家安全观这一概念，并将生态安全纳入 11 种国家安全体系。

生态安全从其定义和国家重视程度来讲，不难看出其主要内涵在于人类经济发展过程中资源环境的制约、人口增长因素、外部自然灾害频繁发生而导致自然生态系统的破坏。一是这种破坏严重超过了自然承载力，使生态系统内部"健康"受损，影响自然生态的正常运转；二是这种生态环境破坏需要耗费大量的人力、物力、财力，甚至需要很长的时间来修复；三是生态环境安全与国家其他安全紧密联系不可分割，是其他安全的载体和基础，生态环境一旦遭受破坏必然危及社会稳定发展和国家安全；四是生态安全不是一成不变的，其也会随着外部环境和影响因素的变化呈现出不同的状态和特征。生态安全的核心是人与自然之间危害、反弹、保护、建设关系的评价。①

（二）生态文明与生态安全

从上文中我们看出生态文明是一种文明形式，是追求人与自然、人与人、人与社会和谐相处的一种经济社会发展状态，是一种价值追求。而生态安全是实现这种生态文明的基础条件和工具，同时应该是生态文明建设的重要组成部分，只有生态安全了才能实现生态文明，才能称为生态文明。生态文明建设和生态安全之间是相互影响、相互促进的有机统一体。

1. 生态安全是生态文明的工具和内在要求

生态文明有别于农业文明和工业文明，是因为生态文明更加注重人与自然之间的和谐，更加注重发展过程中对生态环境的保护，不是摒弃原有的发展方式另起炉灶而是转变发展方式，使其符合生态文明的要求，维护人类赖以生存的自然环境的安全。生态文明倡导的是环境保护、经济发展之间的协调性，内涵就是在自然承载力之内获得经济增长，是可持续发展的理念，这与生态安全的要求是一致的。生态文明建设过程中最基础的要求就是维护生态安全，生态安全是含在生态文明建设之中的，为生态安全提供了思想基础。此外，生态安全也是实现生态文明的工具和媒介，将生态安全作为实现生态文明的一种标准和约束，为生态文明制度的建立明确了底线和原则。生态安全是人类生存和发展的基本安全需求，维护生态安全是生态文明建设的重要内容之一，在建设生态文明的同时生态安全才会得以实现。

---

① 世界环境与发展委员会. 我们共同的未来［M］. 王之佳，柯金良，等译. 长春：吉林人民出版社，1997.

2. 生态文明是生态安全的终极目标

中国经济快速发展，生产力得到快速提升，但同时我们看到自然环境受到破坏，空气、水、土壤等自然资源污染较为严重，有些严重超过区域内环境承载能力，严重威胁当地生态安全，很容易造成经济断崖式下跌和引起社会动荡。作为一个发展中人口大国，资源匮乏，经济发展水平不高，发展生产力是解决当前一切问题的关键，而发展的同时生态安全又受到严重威胁。这是维护生态安全需要面对的现实，需要在发展和保护生态安全之间找到一种平衡。生态文明是解决矛盾局面的一把钥匙，是生态安全保护前提下发展中求生存的终极目标。生态文明是对生态安全的进一步诠释，是维护和落实生态安全的终极状态及维护生态安全的最终目的。

近些年来，媒体报道过几次重大环境污染事件，这些污染事件严重威胁当地生态安全，阻碍了中国生态文明建设进程。2007 年 5 月，江苏太湖暴发大面积蓝藻污染事件，该事件造成无锡全城自来水污染，严重影响了当地人民群众的生产生活，影响当地社会稳定。据《南方周末》当时报道，蓝藻暴发的主要原因是当地企业污水和生活污水大量排放到太湖造成水体氮磷超标。该事件发生后，苏浙沪三省开展了联合治理行动，并与国务院多个部委编制了《太湖流域水环境综合治理总体方案》，建立了太湖水环境治理协商机制。2017 年 4 月 20 日《北京青年报》报道，2017 年 3 月底，在河北、江苏两地发现三处共约 30 万平方米严重污染的渗坑，其中最大一处的面积达 17 万平方米。本次污染是当地建立非法洗皮革厂，将未经处理的废水直接排放到院内渗坑之后通过暗管排出院内导致的，当地法院判决处理过，但对污染的治理却迟迟没有推进。渗坑中含有大量重金属，其中金属铬严重超标，造成当地水资源和土壤资源的严重污染，对当地生态安全构成威胁，极大地制约了生态文明建设进程。

3. 习近平总书记提出生态文明新思想

党的十八大以来，习近平总书记从中国特色社会主义事业"五位一体"总体布局的战略高度，对生态文明建设提出了一系列新思想、新观点、新论断。这些重要论述为实现中华民族永续发展和中华民族伟大复兴中国梦规划了蓝图，也为建设美丽中国提供了根本遵循。[①] 走向生态文明新时代，打造生态文明新常态，建设美丽中国，是实现中华民族伟大复兴中国梦的重要内容。

党的十八大以来，习近平总书记站在谋求中华民族长远发展、实现人民福祉的战略高度，围绕建设美丽中国、推动社会主义生态文明建设，提出了一系列新思想、新论断、新举措，大力促进实现经济社会发展与生态环境保护相协调，开辟了人与自然和谐发展的新境界。[②] 2016年7月28日，中央党校哲学部中国哲学教研室主任、教授乔清举在学习时报撰文《心系国运 绿色奠基——学习习近平总书记的生态文明思想》，文章指出，习近平总书记推动和领导着我国生态文明制度建设的顶层设计。在他主持起草的十八大报告中，生态文明建设上升为党的执政方针。十八大以来，习近平总书记的生态思想又有新发展，他站在中华民族永续发展、人类文明发展的高度，明确地把生态文明作为继农业、工业文明之后的一个新阶段，指出生态文明建设是政治，关乎人民主体地位的体现，共产党执政基础的巩固和中华民族伟大复兴的中国梦的实现。[③] 从党的十八大报告专章论及生态文明建设，提出"走向社会

---

① 习近平谈生态文明［EB/OL］．人民网—中国共产党新闻网，2014-08-29.
② 打造生态文明新常态：习近平生态文明建设思想评述［N/OL］．中国青年报，2014-12-08（2）.
③ 打造生态文明新常态：习近平生态文明建设思想评述［N/OL］．中国青年报，2014-12-08（2）.

主义生态文明新时代"的科学论断；到十八届三中全会指出"紧紧围绕建设美丽中国深化生态文明体制改革"；再到十八届四中全会将生态文明建设纳入法治轨道；再到十八届五中全会提出新发展理念；再到十八届六中全会开启全面从严治党新征程，为生态文明建设提供坚强保证；再到习近平总书记在中共中央政治局第四十一次集体学习时强调推动形成绿色发展方式和生活方式，为人民群众创造良好生产生活环境。坚持人与自然和谐共生是习近平新时代中国特色社会主义思想和基本方略之一。党的十九大报告以专章论述加快生态文明体制改革，提出坚定走生产发展、生活富裕、生态良好的文明发展道路，建设美丽中国。从党的十九大报告专章论及加快生态文明体制改革，提出推进绿色发展，着力解决突出环境问题，加大生态系统保护力度，改革生态环境监管体制要求；到十九届四中全会提出"坚持和完善生态文明制度体系，促进人与自然和谐共生"，到十九届五中全会强调建设人与自然和谐共生的现代化，并提出 2035 年基本实现美丽中国建设目标；到十九届中央政治局第二十九次集体学习时强调提高生态环境领域国家治理体系和治理能力现代化水平；再到十九届中央政治局第三十六次集体学习时提出建立健全绿色低碳循环发展经济体系，加快绿色低碳科技革命与政策体系。我们可以清晰地看到，党的十八大以来，以习近平同志为核心的党中央对生态文明建设一系列重大理论与实践创新，成果丰硕、意义深远。① 马克思曾对共产主义丰富内涵的一个方面作出深刻的阐述，"这种共产主义，作为完成了的自然主义＝人道主义，而作为完成了的人道主义＝自然主义；它是人和自然界之间、人和人之间的矛盾的真正解决，是存在和本质、对象化和自我确立、自由和必然、个体和人类之间

---

① 刘湘溶．生态文明重在建设贵在创新：深入学习习近平同志关于推动形成绿色发展方式和生活方式重要讲话精神［N］．光明日报，2017-08-20（1）．

的斗争的真正解决。""它是历史之谜的解答。"① 毫无疑义，当代中国实施发展"生态文明"的总方针，就是将马克思主义理论与中国的国情正确结合起来，是对中华文化绵远流长的自然"历史之谜"的正确解答。②

以下是根据新华社和《人民日报》相关报道按内容分类整理的习近平生态文明思想的主要论述。

（1）生态文明与民生

2013 年 3 月 8 日，习近平在参加十二届全国人大一次会议江苏代表团审议时指出："要扎实推进生态文明建设，实施'碧水蓝天'工程，让生态环境越来越好，努力建设美丽中国。"

2013 年 4 月 2 日，习近平在参加首都义务植树活动时强调："全社会都要按照党的十八大提出的建设美丽中国的要求，切实增强生态意识，切实加强生态环境保护，把我国建设成为生态环境良好的国家。"

2013 年 4 月 8 日至 10 日，习近平在海南考察时指出："良好生态环境是最公平的公共产品，是最普惠的民生福祉。青山绿水、碧海蓝天是建设国际旅游岛的最大本钱，必须倍加珍爱、精心呵护。"

2013 年 5 月 24 日，习近平在中共中央政治局第六次集体学习时强调："要正确处理好经济发展同生态环境保护的关系，牢固树立保护生态环境就是保护生产力、改善生态环境就是发展生产力的理念，更加自觉地推动绿色发展、循环发展、低碳发展，决不以牺牲环境为代价去换取一时的经济增长。"

2013 年 9 月 7 日，习近平在哈萨克斯坦纳扎尔巴耶夫大学回答学生

---

① 中共中央马克思恩格斯列宁斯大林著作编译局.1844 年经济学哲学手稿［M］.北京：人民出版社，2000：81.

② 王天津.习近平"走向生态文明新时代"所含的深远意义［EB/OL］.光明网，2014-09-15.

问题时指出："既要绿水青山，也要金山银山。宁要绿水青山，不要金山银山，而且绿水青山就是金山银山。"

2014 年 12 月 14 日，习近平在江苏调研时强调："经济要上台阶，生态文明也要上台阶。我们要下定决心，实现我们对人民的承诺。"

2015 年 3 月 6 日，习近平参加江西代表团审议时强调："环境就是民生，青山就是美丽，蓝天也是幸福。像保护眼睛一样保护生态环境，要像对待生命一样对待生态环境。对破坏生态环境的行为，不能手软，不能下不为例。"

2014 年 3 月 7 日，习近平参加贵州代表团审议时强调："保护生态环境就是保护生产力，绿水青山和金山银山绝不是对立的，关键在人，关键在思路。"

2015 年 4 月 3 日，习近平在参加首都义务植树活动时强调："植树造林是实现天蓝、地绿、水净的重要途径，是最普惠的民生工程。要坚持全国动员、全民动手植树造林，努力把建设美丽中国化为人民自觉行动。"

2016 年 3 月 10 日，习近平在参加青海代表团审议指出："像保护眼睛一样保护生态环境，像对待生命一样对待生态环境。"

2016 年 1 月 8 日，习近平在省部级主要领导干部学习贯彻党的十八届五中全会精神专题研讨班开班式上发表重要讲话："生态环境没有替代品，用之不觉，失之难存。"

2016 年 3 月 7 日，习近平在参加黑龙江代表团审议时强调："要加强生态文明建设，划定生态保护红线，为可持续发展留足空间，为子孙后代留下天蓝地绿水清的家园。"

2016 年 8 月 19 日，习近平在全国卫生与健康大会上强调："绿水青山不仅是金山银山，也是人民群众健康的重要保障。对生态环境污染问题，各级党委和政府必须高度重视，要正视问题、着力解决问题，而不要去掩盖问题。"

2017年5月26日，习近平在中共中央政治局第四十一次集体学习时强调："生态环境问题，归根到底是资源过度开发、粗放利用、奢侈消费造成的。资源开发利用既要支撑当代人过上幸福生活，也要为子孙后代留下生存根基。"

2017年10月18日，习近平在中共十九大报告中强调："建设生态文明是中华民族永续发展的千年大计。必须树立和践行绿水青山就是金山银山的理念，坚持节约资源和保护环境的基本国策，像对待生命一样对待生态环境，统筹山水林田湖草系统治理，实行最严格的生态环境保护制度，形成绿色发展方式和生活方式，坚定走生产发展、生活富裕、生态良好的文明发展道路，建设美丽中国，为人民创造良好生产生活环境，为全球生态安全作出贡献。"

2018年4月11日至13日，习近平在海南考察时强调："青山绿水、碧海蓝天是海南最强的优势和最大的本钱，是一笔既买不来也借不到的宝贵财富，破坏了就很难恢复。要把保护生态环境作为海南发展的根本立足点，牢固树立绿水青山就是金山银山的理念，像对待生命一样对待这一片海上绿洲和这一汪湛蓝海水，努力在建设社会主义生态文明方面作出更大成绩。"

2018年4月25日，习近平总书记走进东洞庭湖国家级自然保护区巡护监测站，察看实时监测系统强调："修复长江生态环境，是新时代赋予我们的艰巨任务，也是人民群众的热切期盼。""绝不容许长江生态环境在我们这一代人手上继续恶化下去，一定要给子孙后代留下一条清洁美丽的万里长江！"

2018年5月，习近平在全国生态环境保护大会上的讲话指出："山水林田湖草是生命共同体，要统筹兼顾、整体施策、多措并举，全方位、全地域、全过程开展生态文明建设。""用最严格制度最严密法治保护生态环境，加快制度创新，强化制度执行，让制度成为刚性的约束和不可触碰的高压线。"

2018 年 11 月，习近平对三北工程建设作出重要指示强调："三北工程建设是同我国改革开放一起实施的重大生态工程，是生态文明建设的一个重要标志性工程。""继续推进三北工程建设不仅有利于区域可持续发展，也有利于中华民族永续发展。要坚持久久为功，创新体制机制，完善政策措施，持续不懈推进三北工程建设，不断提升林草资源总量和质量，持续改善三北地区生态环境，巩固和发展祖国北疆绿色生态屏障，为建设美丽中国作出新的更大的贡献。"

2019 年 9 月 18 日，习近平在黄河流域生态保护和高质量发展座谈会上讲话强调："要坚持绿水青山就是金山银山的理念，坚持生态优先、绿色发展，以水而定、量水而行，因地制宜、分类施策，上下游、干支流、左右岸统筹谋划，共同抓好大保护，协同推进大治理，着力加强生态保护治理、保障黄河长治久安、促进全流域高质量发展、改善人民群众生活、保护传承弘扬黄河文化，让黄河成为造福人民的幸福河。"

2020 年 11 月 12 日下午，习近平赴江苏考察调研时指出："过去脏乱差的地方已经变成现在公园的绿化带，确实是沧桑巨变啊！这样的幸福生活是你们亲手建设出来的，是大家一起奋斗出来的。"

2021 年 2 月，习近平于贵州看望慰问各族干部群众时的讲话："要牢固树立绿水青山就是金山银山的理念，守住发展和生态两条底线，努力走出一条生态优先、绿色发展的新路子。"

2021 年 3 月，习近平在福建考察时的讲话强调："要以实施乡村建设行动为抓手，改善农村人居环境，建设宜居宜业美丽乡村。要推进老区苏区全面振兴，倾力支持老区苏区特色产业提升、基础设施建设和公共服务保障等。"

2021年4月2日，习近平在参加首都义务植树活动时强调："每年这个时候，我们一起参加义务植树，就是要倡导人人爱绿植绿护绿的文明风尚，让大家都树立起植树造林、绿化祖国的责任意识，形成全社会的自觉行动，共同建设人与自然和谐共生的美丽家园。"

2021年4月，习近平在广西考察时讲话指出："桂林是一座山水甲天下的旅游名城。这是大自然赐予中华民族的一块宝地，一定要呵护好。要坚持以人民为中心，以文塑旅、以旅彰文，提升格调品位，努力创造宜业、宜居、宜乐、宜游的良好环境，打造世界级旅游城市。"

2021年5月，习近平在河南南阳考察时讲话指出："要从守护生命线的政治高度，切实维护南水北调工程安全、供水安全、水质安全。吃水不忘挖井人，要继续加大对库区的支持帮扶。要建立水资源刚性约束制度，严格用水总量控制，统筹生产、生活、生态用水，大力推进农业、工业、城镇等领域节水。要把水源区的生态环境保护工作作为重中之重，划出硬杠杠，坚定不移做好各项工作，守好这一库碧水。"

2021年7月，习近平在西藏考察时讲话指出："生活在高原上的各族群众，长期以来同大自然相互依存，形成了同高原环境和谐相处的生活方式，要突出地域特点，引导激发这种人与自然和谐共生、可持续发展理念，以资源环境承载能力为硬约束，科学划定城市开发边界和生态保护红线，合理确定城市人口规模，科学配套规划建设基础设施，加强森林防火设施建设，提升城市现代化水平。"

2021年8月27日至28日，习近平在中央民族工作会议上讲话指出："要加大对民族地区基础设施建设、产业结构调整支持力度，优化经济社会发展和生态文明建设整体布局，不断增强各族群众获得感、幸福感、安全感。"

（2）生态文明与政治

2013 年 4 月 25 日，在十八届中共中央政治局常委会会议上，习近平总书记指出："我们不能把加强生态文明建设、加强生态环境保护、提倡绿色低碳生活方式等仅仅作为经济问题。这里面有很大的政治。"

2014 年 12 月 25 日，在十八届中共中央政治局常委会会议上，习近平总书记指出："森林是陆地生态的主体，是国家、民族最大的生存资本，是人类生存的根基，关系生存安全、淡水安全、国土安全、物种安全、气候安全和国家外交大局。"

2015 年 5 月 27 日，在华东 7 省市党委主要负责同志座谈会上，习近平总书记强调：要科学布局生产空间、生活空间、生态空间，扎实推进生态环境保护，让良好生态环境成为人民生活质量的增长点。

2016 年 12 月 12 日在全国生态文明建设工作推进会议上，习近平总书记指出："生态文明建设是'五位一体'总体布局和'四个全面'战略布局的重要内容。""要深化生态文明体制改革。尽快把生态文明制度的'四梁八柱'建立起来，把生态文明建设纳入制度化、法治化轨道。"

2018 年 3 月 20 日，习近平在第十三届全国人民代表大会第一次会议上的讲话："我们要以更大的力度、更实的措施推进生态文明建设，加快形成绿色生产方式和生活方式，着力解决突出环境问题，使我们的国家天更蓝、山更绿、水更清、环境更优美，让绿水青山就是金山银山的理念在祖国大地上更加充分地展示出来。"

2018 年 5 月 18 日至 19 日，在全国生态环境保护大会上，习近平总书记指出：我国环境容量有限，生态系统脆弱，污染重、损失大、风险高的生态环境状况还没有根本扭转，并且独特的地理环境加剧了地区间的不平衡。

2019 年 3 月 5 日下午，在参加习近平总书记所在的十三届全国人大二次会议内蒙古代表团审议时强调："保持加强生态文明建设的战略定力，探索以生态优先、绿色发展为导向的高质量发展新路子，加大生态系统保护力度，打好污染防治攻坚战，守护好祖国北疆这道亮丽风景线。"

2020 年 1 月 20 日下午，习近平在云南考察时强调："我们要避免走先污染再治理的老路，一定要摒弃过去那种以生态环境为代价换取一时经济发展的做法。我们提出新发展理念、建设生态文明，是符合客观规律的。从当前看，老百姓现在吃饱穿暖了，最关心的就是环境。长远来讲，我们不能吃子孙饭，要造福人类。要继续抓下去，锲而不舍、久久为功，把绿水青山真正变成金山银山。"

2020 年 4 月 20 日，习近平在陕西考察调研时强调："秦岭违建是一个大教训。从今往后，在陕西当干部，首先要了解这个教训，切勿重蹈覆辙，切实做守护秦岭生态的卫士。"

2021 年 3 月 7 日，习近平在参加青海代表团审议时讲话指出："希望青海的同志全面贯彻落实党中央决策部署，完整、准确、全面贯彻新发展理念，坚持以人民为中心，坚持稳中求进工作总基调，持续深化改革开放，统筹发展和安全，弘扬光荣传统和奋斗精神，把坚持生态优先、推动高质量发展、创造高品质生活部署落到实处，在推动青藏高原生态保护和可持续发展上不断取得新成就，书写新时代青海新篇章。"

2021 年 4 月 2 日，习近平在参加首都义务植树活动时讲话指出："新发展阶段对生态文明建设提出了更高要求，必须下大气力推动绿色发展，努力引领世界发展潮流。我们要牢固树立绿水青山就是金山银山理念，坚定不移走生态优先、绿色发展之路，增加森林面积、提高森林质量，提升生态系统碳汇增量，为实现我国碳达峰碳中和目标、维护全球生态安全作出更大贡献。"

2021 年 4 月 30 日，习近平同志主持中共十九届中央政治局第二十九次集体学习时讲话指出："党的十八大以来，我们加强党对生态文明建设的全面领导，把生态文明建设摆在全局工作的突出位置，作出一系列重大战略部署。在'五位一体'总体布局中，生态文明建设是其中一位；在新时代坚持和发展中国特色社会主义的基本方略中，坚持人与自然和谐共生是其中一条；在新发展理念中，绿色是其中一项；在三大攻坚战中，污染防治是其中一战；在到本世纪中叶建成社会主义现代化强国目标中，美丽中国是其中一个。这充分体现了我们对生态文明建设重要性的认识，明确了生态文明建设在党和国家事业发展全局中的重要地位。"

2021 年 5 月 14 日，习近平在推进南水北调后续工程高质量发展座谈会上发表讲话时指出："深入分析南水北调工程面临的新形势新任务，完整、准确、全面贯彻新发展理念，按照高质量发展要求，统筹发展和安全，坚持节水优先、空间均衡、系统治理、两手发力的治水思路，遵循确有需要、生态安全、可以持续的重大水利工程论证原则，立足流域整体和水资源空间均衡配置，科学推进工程规划建设，提高水资源集约节约利用水平。"

2021 年 5 月 21 日，习近平在中央全面深化改革委员会第十九次会议上讲话指出："要围绕生态文明建设总体目标，加强同碳达峰、碳中和目标任务衔接，进一步推进生态保护补偿制度建设，发挥生态保护补偿的政策导向作用。"

2021 年 6 月，习近平在青海考察时讲话指出：保护好青海生态环境，是"国之大者"。要牢固树立绿水青山就是金山银山理念，切实保护好地球第三极生态。要把三江源保护作为青海生态文明建设的重中之重，承担好维护生态安全、保护三江源、保护"中华水塔"的重大使命。要继续推进国家公园建设，理顺管理体制，创新运行机制，加强监督管理，强化政策支持，探索更多可复制可推广经验。要加强雪山冰川、江源流域、湖泊湿地、草原草甸、沙地荒漠等生态治理修复，全力推动青藏高原生物多样性保护。要积极推进黄河流域生态保护和高质量发展，综合整治水土流失，稳固提升水源涵养能力，促进水资源节约集约高效利用。

2021年7月9日，习近平在中央全面深化改革委员会第二十次会议上的讲话指出："要站在保障中华民族生存和发展的历史高度，坚持对历史负责、对人民负责、对世界负责的态度，抓好青藏高原生态环境保护和可持续发展工作。"

2021年7月，习近平在西藏考察时讲话强调："要全面贯彻新时代党的治藏方略，坚持稳中求进工作总基调，立足新发展阶段，完整、准确、全面贯彻新发展理念，服务和融入新发展格局，推动高质量发展，加强边境地区建设，抓好稳定、发展、生态、强边四件大事，在推动青藏高原生态保护和可持续发展上不断取得新成就，奋力谱写雪域高原长治久安和高质量发展新篇章。"

2021年8月30日，习近平在中央全面深化改革委员会第二十一次会议上的讲话指出："要巩固污染防治攻坚成果，坚持精准治污、科学治污、依法治污，以更高标准打好蓝天、碧水、净土保卫战，以高水平保护推动高质量发展、创造高品质生活，努力建设人与自然和谐共生的美丽中国。"

2021年10月，习近平在山东东营考察时讲话指出："党的十八大以来，各级党委和政府贯彻绿色发展理念的自觉性和主动性明显增强，一体推进山水林田湖草沙保护和治理力度不断加大，我国生态文明建设成绩斐然。黄河三角洲自然保护区生态地位十分重要，要抓紧谋划创建黄河口国家公园，科学论证、扎实推进。"

2021 年 10 月 22 日，习近平在深入推动黄河流域生态保护和高质量发展座谈会上讲话强调："要科学分析当前黄河流域生态保护和高质量发展形势，把握好推动黄河流域生态保护和高质量发展的重大问题，咬定目标、脚踏实地、埋头苦干、久久为功，确保'十四五'时期黄河流域生态保护和高质量发展取得明显成效，为黄河永远造福中华民族而不懈奋斗。"

2021 年 12 月 31 日，习近平发表的二〇二二年新年贺词提道："黄河安澜是中华儿女的千年期盼。近年来，我走遍了黄河上中下游 9 省区。无论是黄河长江'母亲河'，还是碧波荡漾的青海湖、逶迤磅礴的雅鲁藏布江；无论是南水北调的世纪工程，还是塞罕坝林场的'绿色地图'；无论是云南大象北上南归，还是藏羚羊繁衍迁徙……这些都昭示着，人不负青山，青山定不负人。"

（3）生态文明与经济

2013 年 12 月 12 日，在中央城镇化工作会议上，习近平总书记指出："在提升城市排水系统时要优先考虑把有限的雨水留下来；优先考虑更多利用自然力量排水；建设自然积存、自然渗透、自然净化的'海绵城市'。"

2014 年 2 月 26 日，习近平在北京市考察工作指出："要加大大气污染治理力度，应对雾霾污染、改善空气质量的首要任务是控制 PM2.5；要从压减燃煤、严格控车、调整产业、强化管理、联防联控、依法治理等方面采取重大举措。"

2014 年 6 月 3 日，在 2014 年国际工程科技大会上，习近平总书记指出："我们将继续实施可持续发展战略，优化国土空间开发格局，全面促进资源节约，加大自然生态系统和环境保护力度，着力解决雾霾等一系列问题，努力建设天蓝地绿水净的美丽中国。"

2015 年 1 月 19 日至 21 日，习近平在云南考察时强调："经济要发展，但不能以破坏生态环境为代价。生态环境保护是一个长期任务，要久久为功。"

2015 年 10 月 26 日至 29 日，在十八届五中全会上，习近平总书记指出："我们必须坚持节约资源和保护环境的基本国策，坚定走生产发展、生活富裕、生态良好的文明发展道路，加快建设资源节约型、环境友好型社会，推进美丽中国建设，为全球生态安全作出新贡献。"

2015 年 12 月 31 日，习近平在 2016 年新年贺词中提道："贯彻创新、协调、绿色、开放、共享的发展理念，着力推进结构性改革，着力推进改革开放，着力促进社会公平正义，着力营造政治上的绿水青山，为全面建成小康社会决胜阶段开好局、起好步。"

2016 年 1 月 5 日在推动长江经济带发展座谈会上，习近平总书记指出："当前和今后相当长一个时期，要把修复长江生态环境摆在压倒性位置，共抓大保护，不搞大开发。"

2016 年 3 月 7 日习近平在参加黑龙江省代表团审议时强调："要加强生态文明建设，划定生态保护红线，为可持续发展留足空间，为子孙后代留下天蓝、地绿、水清的家园。绿水青山是金山银山，黑龙江的冰天雪地也是金山银山。"

2016 年 6 月在乌兹别克斯坦最高会议立法院的演讲中，习近平指出："要着力深化环保合作，践行绿色发展理念，加大生态环境保护力度，携手打造'绿色丝绸之路'。"

2017 年 3 月 10 日，习近平参加十二届全国人大五次会议新疆代表团审议时指出："加强基础设施建设，加强生态环境保护，严禁'三高'项目进新疆，加大污染防治和防沙治沙力度，努力建设天蓝地绿水清的美丽新疆。"

2017 年 3 月 29 日，习近平参加首都义务植树活动时指出："培养热爱自然珍爱生命的生态意识；把造林绿化事业一代接着一代干下去。"

2017 年 4 月 20 日习近平考察南宁市那考河生态综合整治项目时指出："生态文明建设是党的十八大明确提出的'五位一体'建设的重要一项，不仅秉承了天人合一、顺应自然的中华优秀传统文化理念，也是国家现代化建设的需要。付出生态代价的发展没有意义。"

2017 年 5 月 26 日，十八届中共中央政治局第四十一次集体学习，习近平在主持学习时强调："推动形成绿色发展方式和生活方式是贯彻新发展理念的必然要求，必须把生态文明建设摆在全局工作的突出地位，坚持节约资源和保护环境的基本国策，坚持节约优先、保护优先、自然恢复为主的方针，形成节约资源和保护环境的空间格局、产业结构、生产方式、生活方式，努力实现经济社会发展和生态环境保护协同共进，为人民群众创造良好生产生活环境。"

2017 年 10 月 18 日，习近平在中共十九大报告中强调："加快生态文明体制改革，建设美丽中国。"

2018 年 4 月 13 日，习近平在庆祝海南建省办经济特区 30 周年大会上的讲话："生态文明建设事关中华民族永续发展和'两个一百年'奋斗目标的实现。保护生态环境就是保护生产力，改善生态环境就是发展生产力。"

2018 年 4 月 24 日习近平在湖北宜昌考察强调："生态环境是关系

党的使命宗旨的重大政治问题，也是关系民生的重大社会问题。广大人民群众热切期盼加快提高生态环境质量。我们要积极回应人民群众所想、所盼、所急，大力推进生态文明建设，提供更多优质生态产品，不断满足人民群众日益增长的优美生态环境需要。"

2019年9月18日，习近平在黄河流域生态保护和高质量发展座谈会上讲话指出："要坚持绿水青山就是金山银山的理念，坚持生态优先、绿色发展，以水而定、量水而行，因地制宜、分类施策，上下游、干支流、左右岸统筹谋划，共同抓好大保护，协同推进大治理，着力加强生态保护治理、保障黄河长治久安、促进全流域高质量发展、改善人民群众生活、保护传承弘扬黄河文化，让黄河成为造福人民的幸福河。"

2020年1月3日，习近平在中央财经委员会第六次会议上强调："黄河流域必须下大气力进行大保护、大治理，走生态保护和高质量发展的路子；要推动成渝地区双城经济圈建设，在西部形成高质量发展的重要增长极。"

2020年9月1日，习近平给建设和守护密云水库的乡亲们的回信："各级党委和政府要深入贯彻生态文明思想，把生态文明建设作为战略性任务来抓，坚持生态优先、绿色发展，加强生态涵养区建设，健全生态补偿机制，共同守护好祖国的绿水青山。"

2021年3月5日，习近平在参加十三届全国人大四次会议内蒙古代表团审议时讲话指出："要强化源头治理，推动资源高效利用，加大重点行业、重要领域绿色化改造力度，发展清洁生产，加快实现绿色低碳发展。"

2021年3月15日，习近平在主持召开中央财经委员会第九次会议时讲话指出："我国平台经济发展正处在关键时期，要着眼长远、兼顾当前，补齐短板、强化弱项，营造创新环境，解决突出矛盾和问题，推动平台经济规范健康持续发展；实现碳达峰、碳中和是一场广泛而深刻的经济社会系统性变革，要把碳达峰、碳中和纳入生态文明建设整体布局，拿出抓铁有痕的劲头，如期实现 2030 年前碳达峰、2060 年前碳中和的目标。"

2021 年 4 月，习近平在广西考察时讲话指出："要继续打好污染防治攻坚战，把碳达峰、碳中和纳入经济社会发展和生态文明建设整体布局，建立健全绿色低碳循环发展的经济体系，推动经济社会发展全面绿色转型。"

2021 年 4 月 30 日，习近平在十九届中央政治局第二十九次集体学习时讲话指出："要把实现减污降碳协同增效作为促进经济社会发展全面绿色转型的总抓手，加快推动产业结构、能源结构、交通运输结构、用地结构调整。要强化国土空间规划和用途管控，落实生态保护、基本农田、城镇开发等空间管控边界，实施主体功能区战略，划定并严守生态保护红线。要抓住资源利用这个源头，推进资源总量管理、科学配置、全面节约、循环利用，全面提高资源利用效率。要抓住产业结构调整这个关键，推动战略性新兴产业、高技术产业、现代服务业加快发展，推动能源清洁低碳安全高效利用，持续降低碳排放强度。"

（4）生态文明与国际合作

2013 年 7 月 18 日的生态文明贵阳国际论坛 2013 年年会上，习近平指出："中国将继续承担应尽的国际义务，同世界各国深入开展生态文明领域的交流合作，推动成果分享，携手共建生态良好的地球美好家园。"

2015 年 9 月，在第七十届联合国大会一般性辩论中习近平提出："建设生态文明关乎人类未来。国际社会应该携手同行，共谋全球生态文明建设之路，牢固树立尊重自然、顺应自然、保护自然的意识，坚持走绿色、低碳、循环、可持续发展之路。"

2015 年 11 月 18 日，在亚太经合组织工商领导人峰会上，习近平总书记指出："我们将更加注重绿色发展，把生态文明建设融入经济社会发展各方面和全过程，致力于实现可持续发展，我们将全面提高适应气候变化能力，坚持节约资源和保护环境的基本国策，建设天蓝、地绿、水清的美丽中国。"

2015 年 11 月 30 日，在气候变化巴黎大会开幕式上，习近平总书记指出："'万物各得其和以生，各得其养以成。'中华文明历来强调天人合一、尊重自然。面向未来，中国将把生态文明建设作为'十三五'规划重要内容，落实创新、协调、绿色、开放、共享的新发展理念。"

2017 年 1 月 18 日，习近平出席"共商共筑人类命运共同体"高级别会议并发表主旨演讲："我们应该遵循天人合一、道法自然的理念，寻求永续发展之路。要倡导绿色、低碳、循环、可持续的生产生活方式，平衡推进 2030 年可持续发展议程，不断开拓生产发展、生活富裕、生态良好的文明发展道路。"

2017 年 5 月 14 日，在"一带一路"国际合作高峰论坛开幕式上，习近平总书记指出："我们要践行绿色发展的新理念，倡导绿色、低碳、循环、可持续的生产生活方式，加强生态环保合作，建设生态文明，共同实现 2030 年可持续发展目标。"

2017 年 6 月 7 日，习近平在致第八届清洁能源部长级会议和第二届创新使命部长级会议的贺信中指出："发展清洁能源，是改善能源结构、保障能源安全、推进生态文明建设的重要任务。这次召开的两场重要会议，体现了国际社会对清洁能源技术开发和利用的高度关注，体现了全球对建设清洁高效能源体系的积极向往。""中国高度重视清洁能源发展，为此采取了一系列重大政策措施，取得了积极成效。中国将坚持节约资源和保护环境的基本国策，贯彻创新、协调、绿色、开放、共享的新发展理念，积极发展清洁能源，提高能源效率，推动形成绿色发展和生活方式，努力建设天蓝、地绿、水清的美丽中国，实现人与自然和谐共处。"

2017年7月24日习近平致第十九届国际植物学大会的贺信中指出："中国将坚持创新、协调、绿色、开放、共享的发展理念，加强生态文明建设，努力建设美丽中国，广泛开展植物科学研究国际交流合作，同各国一道维护人类共同的地球家园。"

2017年9月11日，习近平致《联合国防治荒漠化公约》第十三次缔约方大会高级别会议的贺信中提道："我们要弘扬尊重自然、保护自然的理念，坚持生态优先、预防为主，坚定信心，面向未来，制定广泛合作、目标明确的公约新战略框架，共同推进全球荒漠生态系统治理，让荒漠造福人类。"

2018年7月7日，习近平向生态文明贵阳国际论坛2018年年会致贺信中提道："中国高度重视生态环境保护，秉持绿水青山就是金山银山的理念，倡导人与自然和谐共生，坚持走绿色发展和可持续发展之路。我们愿同国际社会一道，全面落实2030年可持续发展议程，共同建设一个清洁美丽的世界。"

2019年8月19日习近平致信祝贺第一届国家公园论坛开幕强调："近年来，中国坚持绿水青山就是金山银山的理念，坚持山水林田湖草系统治理，实行了国家公园体制。""中国加强生态文明建设，既要紧密结合中国国情，又要广泛借鉴国外成功经验。"

2020年9月30日，习近平在联合国生物多样性峰会上的讲话中提道："坚持生态文明，增强建设美丽世界动力。""坚持多边主义，凝聚全球环境治理合力。""保持绿色发展，培育疫后经济高质量复苏活力。""增强责任心，提升应对环境挑战行动力。"

2021年1月25日，习近平在世界经济论坛"达沃斯议程"对话会上的特别致辞："中国将继续促进可持续发展，全面落实联合国2030年可持续发展议程，中国将加强生态文明建设，加快调整优化产业结构、能源结构，倡导绿色低碳的生产生活方式。我已经宣布，中国力争于2030年前二氧化碳排放达到峰值、2060年前实现碳中和。"

2021年4月16日，习近平总书记同法国总统马克龙、德国总理默克尔举行中法德领导人视频峰会时的讲话："应对气候变化是全人类的共同事业，不应该成为地缘政治的筹码、攻击他国的靶子、贸易壁垒的借口。中方将坚持公平、共同但有区别的责任、各自能力原则，推动落实《联合国气候变化框架公约》及其《巴黎协定》，积极开展气候变化南南合作。希望发达经济体在减排行动力度上作出表率，并带头兑现气候资金出资承诺，为发展中国家应对气候变化提供充足的技术、能力建设等方面支持。"

2021年4月22日，习近平在"领导人气候峰会"上的讲话："坚持人与自然和谐共生。'万物各得其和以生，各得其养以成。'大自然是包括人在内一切生物的摇篮，是人类赖以生存发展的基本条件。大自然孕育抚养了人类，人类应该以自然为根，尊重自然、顺应自然、保护自然。不尊重自然，违背自然规律，只会遭到自然报复。自然遭到系统性破坏，人类生存发展就成了无源之水、无本之木。我们要像保护眼睛一样保护自然和生态环境，推动形成人与自然和谐共生新格局。"

2021年5月26日，习近平致世界环境司法大会的贺信中提道："地球是我们的共同家园。世界各国要同心协力，抓紧行动，共建人和自然和谐的美丽家园。中国坚持创新、协调、绿色、开放、共享的新发展理念，全面加强生态环境保护工作，积极参与全球生态文明建设合作。中国持续深化环境司法改革创新，积累了生态环境司法保护的有益经验。中国愿同世界各国、国际组织携手合作，共同推进全球生态环境治理。"

2021年6月5日，习近平致巴基斯坦世界环境日主题活动的贺信中提道："地球是人类的共同家园。生态兴则文明兴。人类应该尊重自然、顺应自然、保护自然，推动形成人与自然和谐共生新格局。气候变化、生物多样性丧失、荒漠化加剧和极端天气频发，给人类生存和发展带来严峻挑战。世界是同舟共济的命运共同体，国际社会要以前所未有的雄心和行动，推动构建公平合理、合作共赢的全球环境治理体系，推动人类可持续发展。"

2021年7月6日，习近平在中国共产党与世界政党领导人峰会上的主旨讲话："面对脆弱的生态环境，我们要坚持尊重自然、顺应自然、保护自然，共建绿色家园。面对气候变化给人类生存和发展带来的严峻挑战，我们要勇于担当、同心协力，共谋人与自然和谐共生之道。""中国将为履行碳达峰、碳中和目标承诺付出极其艰巨的努力，为全球应对气候变化作出更大贡献。"

2021年7月16日，习近平在亚太经合组织领导人非正式会议上的讲话："坚持包容可持续发展。地球是人类赖以生存的唯一家园。我们要坚持以人为本，让良好生态环境成为全球经济社会可持续发展的重要支撑，实现绿色增长。中方高度重视应对气候变化，将力争2030年前实现碳达峰、2060年前实现碳中和。中方支持亚太经合组织开展可持续发展合作，完善环境产品降税清单，推动能源向高效、清洁、多元化发展。"

2021年9月9日，习近平在金砖国家领导人第十三次会晤上的讲话："我们要推动共同发展，坚持以人民为中心的发展思想，全面落实2030年可持续发展议程。要根据共同但有区别的责任原则，积极应对气候变化，促进绿色低碳转型，共建清洁美丽世界。"

2021年9月21日，习近平在第七十六届联合国大会一般性辩论上的讲话："坚持人与自然和谐共生。完善全球环境治理，积极应对气候变化，构建人与自然生命共同体。加快绿色低碳转型，实现绿色复苏发展。中国将力争2030年前实现碳达峰、2060年前实现碳中和，这需要付出艰苦努力，但我们会全力以赴。"

2021年10月12日，习近平在《生物多样性公约》第十五次缔约方大会领导人峰会上的主旨讲话："'万物各得其和以生，各得其养以成。'生物多样性使地球充满生机，也是人类生存和发展的基础。保护生物多样性有助于维护地球家园，促进人类可持续发展。"

2021年10月14日，习近平在第二届联合国全球可持续交通大会开幕式上的主旨讲话："坚持生态优先，实现绿色低碳。建立绿色低碳发展的经济体系，促进经济社会发展全面绿色转型，才是实现可持续发展的长久之策。要加快形成绿色低碳交通运输方式，加强绿色基础设施建设，推广新能源、智能化、数字化、轻量化交通装备，鼓励引导绿色出行，让交通更加环保、出行更加低碳。"

2021年10月25日，习近平在中华人民共和国恢复联合国合法席位50周年纪念会议上的讲话："气候变化是大自然对人类敲响的警钟。世界各国应该采取实际行动为自然守住安全边界，鼓励绿色复苏、绿色生产、绿色消费，推动形成文明健康生活方式，形成人与自然和谐共生的格局，让良好生态环境成为可持续发展的不竭源头。"

2021年11月29日，习近平在中非合作论坛第八届部长级会议开幕式上的主旨演讲："中国将为非洲援助实施10个绿色环保和应对气候变化项目，支持'非洲绿色长城'建设，在非洲建设低碳示范区和适应气候变化示范区。"

第二节　能源革命的内涵与特点

一、能源革命的内涵

对人类来讲最基础的人权莫过于生存权，它不仅是指个人生命生存的延续，还包括一个民族、一个国家及其人民的生存得到有效保障的权利，这也是人类最基本的需求。维持人类生存权必须依赖经济发展，持续稳定的经济发展又依赖于能源使用与推动。能源使用是维持人类发展、保障生存最基本的经济需求，是人民大众得以生存与发展的物质属性。能源问题涉及生产、消费、技术、体制等各方面，能源革命则对能源问题进行了全面覆盖。其中对于"革命"一词更是与以往相比具有颠覆性的特征。首先，"革命"中"命"的概念体现出了能源现状的严峻形势与迫切性，还具有历史沉淀性的特征。能源的"命"是指中国能源使用和发展的特殊性。中国经历了能源消费习惯的小农经济，"重生产轻消费"的计划经济，以及过于追求短期利益的市场经济。三种历史时期对能源的利用和侧重点是完全不同的，尤其是 2000 多年的能源消费习惯很难在后几十年中进行彻底扭转。因此，在经济发展时，造成了能源的极大浪费，导致超过生态承载的负外部性单位 GDP 能耗明显高于世界平均水平。能源问题已经成为悬在中国经济社会发展上方的"达摩克利斯之剑"。能源问题看似是当前经济发展中产生的矛盾的积累，但从马克思历史唯物主义视角看，是中国能源历史发展长期积累的结果，不仅仅是能源使用形式出现了问题，更多的是能源使用思维的固化，即能源意识上的薄弱会直接影响能源行为。

古今中外，凡称之为"革命"的事件，总会影响巨大，世界瞩目。[1]"革"在转型、升级过程中，往往强调的是生产力方面。中国能源领域涉及的部门与部门、企业与企业之间存在着错综复杂的利益关系，在能源发展中成为阻碍能源改革的障碍，随着时间的推移形成死结，变得更加繁杂。虽然在体制上已经建立了国家能源局，在电力改革上取得了一定的成绩，但是这并未改变能源单向供给、垄断性的特征。从生产力（技术）市场角度不足以改变能源的格局。为实现"两个一百年"奋斗目标和中国梦，能源的基础相对薄弱，能源的"命"必须采用"革"的手段，这样颠覆性的行动不仅仅停留在技术层面，还伸向阻影响源格局深处的体制层面。这也是能源领域促进实现中华民族伟大复兴不得不做、不得不采用的手段和方式。

习近平总书记关于能源革命的重要论述，开辟了中国特色能源发展理论的新境界，系统规划了今后一个时期中国能源发展的使命任务、方向目标和主要举措，开辟了中国特色能源发展理论的新境界，对于在新起点上加快推动中国能源事业创新发展具有重大指导意义。

二、能源革命的特点

（一）能源革命的顶层性

早在 2010 年党的十七届五中全会提出了"推进能源生产和利用方式变革"，2012 年党的十八大又提出"推动能源生产和消费革命"，2014 年 6 月中央财经领导小组（现中央财经委员会）第六次会议上习近平提出了能源"四个革命、一个合作"的战略思想。

---

[1] 管清友，李君臣. 美国页岩气革命与全球政治经济格局 [J]. 国际经济评论，2013（2）：21-33，4.

首先，看描述方式的变化：由"变革"到"革命"。英国经济史学家菲利斯·迪恩（Phyllis Deane）认为工业革命一词一般用来指复杂的经济变革，同样能源革命一词也可以指复杂的能源变革。而"革命"一词自20世纪60年代之后则很少被提及，尤其是在政府文件中。此次用"革命"而不是惯用的"改革"，甚至不是近几年提出的"深化改革"。从措辞中我们看出此次"能源革命"是有别其他，有别以往，可以说是力度空前、复杂程度空前的颠覆性行动。

其次，看提出机构的重要地位：党的十八大和中国共产党中央财经委员会，足以说明我国对能源问题的重视和对能源领域进行大刀阔斧的"革命"，这也为未来能源领域发展奠定了更加深厚的政治基础。2014年中国共产党中央财经委员会又再次强调了这个问题，同时增加了"技术革命""体制革命""国际合作"三方面内容，对能源领域问题和任务全覆盖。中国共产党中央财经委员会是中央政治局领导经济工作的议事协调机构，是中国经济的核心领导和决策部门，其成员由分管经济工作的中共中央政治局成员、国务院领导成员和部分综合经济管理机构的领导成员组成，主任由中共中央总书记、国家主席、中央军委主席习近平担任，副主任由国务院总理李克强担任。这足以说明"能源革命"提出的重要性空前、力度空前、迫切性空前。

（二）能源革命的全面性

本次能源革命的提出必将掀起中国能源史上又一次改革高潮，在中国能源发展史上具有十分重要的地位。

本次能源革命系统全面阐述了能源领域发展的框架，从能源生产到能源消费，从能源技术到能源体制，做到了能源领域问题全覆盖，不仅包括国内的能源革命，还有国际视野——"一个国际合作"。较以往的能源改革，本次能源革命可谓是做到了最系统、最全面。1998年我国政府提出政府机构和国有企业改革，也更多倾向于能源领域改革，掀起了国内能源改革的第一次大规模浪潮。为转变政府职能设立了新的主管部门，同时政企分开，在石油行业成立了两家垄断性能源企业中国石油、中国石化，并出台了《原油与成品油价格改革方案》，其中提出了国内原油价格从 1998 年 6 月 1 日起与国际市场原油价格接轨。电力行业取消电力部，煤炭行业所有权下放到省等。① 这为之后能源领域改革奠定了坚实的政治基础。但一直以来，能源领域改革比较分散，各个行业之间并无一致性和总体性的关系，难以系统地进行全面改革。本次能源革命不同以往，将能源各个领域包含在内，而且涉及各个领域的各个层面，尤其是以价格为核心的能源体制改革的提出为还原各种能源商品属性做出了系统而有针对性的部署，整个能源领域革命同时推进。此外，对中国争夺世界能源话语权和加强中国能源国际合作，取长补短助力结构升级和保障能源安全，加强国际能源合作的提出具有现实性和战略性意义，是对能源革命的补充。

（三）能源革命的制约性

能源革命的四方面之间并不是一个平衡关系，它们之间其实并不在一个层次上，并不是"革命"+"革命"的并列关系，其内在含有递进的因果关系。如果始于并列关系去理解，会导致能源革命的分割化。能源革命中的每一个革命都有一定的独立性，有其独特的要素使命，但是能源革命的有机关系才是能源革命提出的实质（如图 2-1 所示）。

能源革命中"体制革命"是核心，当前能源体制不畅，从内部来说能源本身分割成了不同品种、不同环节，具有碎片化、分割化的特征。石油、煤炭、天然气、电力、可再生能源等之间关联不大，"各自为政"。从外部来说能源流通使用带来负外部性，地方政府与中央政府之间存在

---

① 史丹. 能源工业改革开放 30 年回顾与评述［J］. 中国能源，2008（6）：5-12.

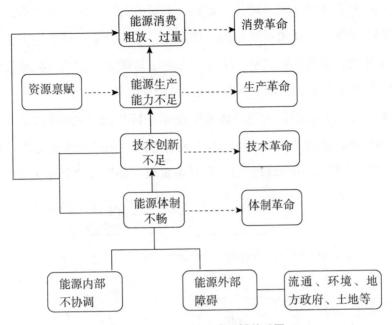

图 2-1　四个能源革命逻辑关系图

博弈，市政建设、土地资源利用开发都对能源发展起到至关重要的作用，而它们的合理规划利用则依赖于政府体制机制建设的通畅。体制在整个能源系统运行过程中形成了一种复杂的社会关系，而这种复杂的社会关系已经影响到了能源的可持续发展与利用，需要进行彻底的"革命"。从逻辑上来说，体制更多地强调了能源生产关系，而能源技术则是能源发展进步的动力基础，是能源生产力。"生产力"决定"生产关系"，"生产关系"反作用于"生产力"，所以在体制进行革命时，技术革命应是题中之义。[1] 我国能源的技术水平创新程度不强，整体水平较国外还存在一定差距，加上中国的资源禀赋劣势反映到能源生产方面就是供给能力不足，供给结构不合理，进而呈现出一种能源消费粗放和过量的状态，所

---

① 谢旭轩，任东明，赵勇强. 推动我国能源革命体制机制改革研究［J］. 中国能源，2014，36（4）：16-19，44.

以在生产和消费两个层面进行革命是必不可少的。同时，我们知道在能源生产力和能源生产关系既定的条件下，能源消费是且只能是一种被动的结果体现。需要说明的是，能源革命并不是孤立存在的，也不仅仅是局限于国内展开的，是基于国内、国外两个视野来进行的。

归根结底，我们认为能源体制革命才是最基础也是最核心的部分，而且体制不仅涉及能源领域，还有非能源领域。如此庞大的变革只有依靠"党管干部"的中国特色治理机制来实现（如图2-2所示）。

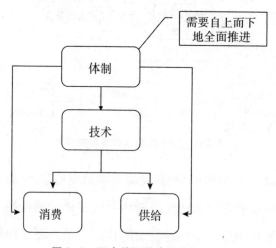

图2-2　四个能源革命的内部关系

第三节　能源革命与生态文明的相互关系

2017年6月9日，中国工程院正式启动重大咨询项目"推动能源生产和消费革命战略研究（一期）"，项目负责人、研究报告作者代表谢克昌院士在成果发布上表示，能源革命是实现能源与生态环境协调发展的重要途径。能源革命是生态文明建设的重要杠杆和抓手。能源生产、消费直接和间接地对生态环境产生重要影响；能源利用效率水平是国家整体经济竞争力的重要标志。同时，生态文明建设对能源革命提出更高要求。推动能源革命，创新能源发展新道路，加快完善符合生态文明建设要求的长效体制机制，为生态文明建设提供重要保障。

一、从目标—手段角度考察生态文明与能源革命的关系

国内早在 20 世纪 80 年代就提出了生态文明概念，但直到党的十七大报告中提出了生态文明建设，才首次将生态文明写入党的政策文件中。之后十七届四中全会把生态文明建设放在了与经济、政治、文化、社会四大文明建设并列的战略高度。十七届五中全会提出了"提高生态文明水平"，加快建设资源节约型、环境友好型社会。党的十八大报告中提出将生态文明建设与经济建设、政治建设、文化建设、社会建设并举，明确提出生态文明建设也是中国特色社会主义五大文明建设之一，这是首次在党的报告中提出"五位一体"的建设构想。2013 年 7 月，习近平总书记提出"建设美丽中国"的概念，将生态文明建设列入中国梦的整体框架，成为实现"两个一百年"奋斗目标的主要方面之一。

从生态文明的提出到目前的战略高度，是中国在经济建设发展进程中逐渐对环境保护和生态文明认识逐步提高的过程。中国是一个发展中国家，发展是第一要务。在长期的经济发展过程中，尤其是改革开放以后，中国经济突飞猛进，取得举世瞩目的成就，2010 年全国 GDP 超过日本一跃成为世界第二大经济体。但快速发展的同时，对环境、生态的重视程度和意识相对薄弱，以至于中国经济快速发展的同时造成了对环境和生态的严重破坏，甚至有些地方严重超过自然承载能力，影响了人民良好的生产生活环境。当下的中国环境问题尤为突出，造成这种后果的原因归根结底是经济发展方式即经济发展过程中对能源的使用方式、效率等方面存在问题，而生态文明建设则是对能源使用方式、效率等方面进行建设和改革。

长期以来，以燃煤为主要能源的消费结构并未有所改观，加之对石油资源的使用，二者占整个能源消费的80%以上。经济快速增长是靠燃烧大量化石能源来推动的，这是中国经济发展的现实基础，要实现生态文明必须转变经济发展方式，必须对能源领域进行大刀阔斧、壮士断腕似的变革。生态文明建设包含了能源领域建设，即对能源领域进行变革以适应生态文明。

以关注粮食供应、人口增长、能源消耗、环境质量等危机而著称的罗马俱乐部早在1972年就提出最具影响力的观点，认为人口的急剧增长和经济失控必将引发和加重粮食危机、资源枯竭和环境污染等问题，反之这些问题又会进一步阻碍人类经济社会的发展，这是对关注生态文明发展的历史佐证。[①] 美国学者罗伊·莫里森（Roy Morrison）提出生态文明和可持续发展是人类未来发展的唯一选择。[②] 基于历史和现实，我们认为文明是人类社会特定生活方式及文化交流的集合，而生态文明也并不应该是单一保守地说明生态问题，还应该囊括人类的生产、生活方式。所谓生态文明是基于生态的维护与维持，探索一种和谐的生产生活方式以实现人类发展进步、人与自然和谐、生态环境保护与改善以及三者之间的关系的一种社会形态。图2-3阐释了生态文明、经济增长、能源使用、能源革命的逻辑关系。

---

① 顾文华. 保护生态环境，优化能源结构：对内蒙古能源经济发展战略的认识［J］. 前沿，2014（cc）：115-117.

② 罗伊·莫里森. 从理论到实践：建设生态文明［C］//北京大学人学研究中心，中国人学学会，海南省委宣传部，等. 生态文明·全球化·人的发展. 海口：海南出版社，2009：17.

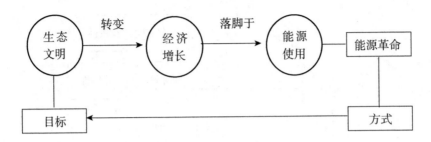

图 2-3　生态文明与能源革命关系图

实现生态文明需要一种和谐的生产发展方式，能源是实现生产发展方式的物质条件和基础，实现生态文明的具体落脚点还是要正确有效地使用能源。所以，生态文明是人类发展追求的目标与最终的状态，是目的；能源革命是通往这个目标与状态的保证之一，是检验生态文明建设的标准和手段之一。

中国能源革命顺应了世界能源转型和低碳发展的潮流，是中国可持续发展和生态文明的内在要求，是中国生态文明建设和能源转型的必然选择。不过，与发达国家相比，中国能源革命面临的挑战更艰巨，亟须创新。图 2-4 阐释了从目标—手段角度考察生态文明与能源革命的关系。

二、生态文明与能源革命相互促进

能源革命是生态文明建设的新方向，能源革命对生态文明建设具有重大意义。目前，能源革命发展与生态文明要求之间仍有相当大的差距，推动能源革命以顺应生态文明建设的需要是中国发展之百年大计。

无疑，推进能源革命是一项重大举措，也是事关全局的战略选择，对于保障中国能源安全、缓解生态压力，乃至对建设生态文明意义非凡，其成效日益显著。而只有以生态文明科学理念为理论指导，能源革命尤其是新能源和可再生能源未来的发展，才能不断顺应世界能源转型

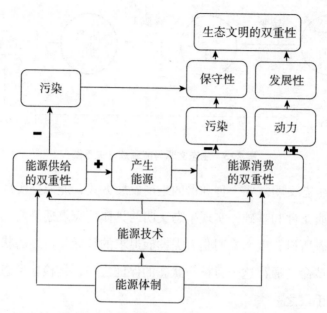

图 2-4　从目标—手段角度考察生态文明与能源革命的关系

大势；才能在新一轮的世界能源竞争中确立领先地位；才能助力中国实现跨越式发展，成为经济强国；才能跨越生态环境与经济绿色发展的"卡夫丁峡谷"；才能使得中华民族可持续发展并最终迈进生态文明时代。图 2-5 阐释了能源革命与生态文明相互促进的关系。

　　中国现在面临严峻的城市化、城镇化任务，急切需要寻找到一种机制，来解决当前中国发展中的问题。马克思提出的"卡夫丁峡谷"理论是指，在社会更迭过程中可以不通过资本主义制度的"卡夫丁峡谷"就可以超越资本主义发展的整个阶段，由资本主义生产方式直接进入以公有制为基础的社会主义生产方式阶段。在能源领域方面，我们认为同样存在"卡夫丁峡谷"：一个发展中国家，或说技术相对落后国家，又或说能源极其短缺的国家能否进入一个生态文明，实现高度的生产力、高度的经济发展水平、高度的城市化，同时拥有良好的生态环境，跃过"卡夫丁峡谷"，实现能源的跨越发展，实现生态文明，要求其避免南

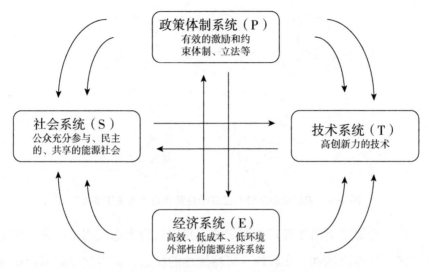

图 2-5 能源革命与生态文明相互促进

非发展模式来判定。首先新能源发展实际上极大地弱化了资源的依赖性，新能源本身是一种制造技术，而且随着生产水平不断提高，能源转换水平越来越高，典型的是光伏的转化效率由之前的 5% 已经提高到目前的 25%，而成本每 5 年下降一半水平。而且当前能源技术的溢出效应极其明显，从而带动了其他能源的转化和效率的提高。加上互联网技术的兴起与运用，使得中国城市化、工业化对能源的依赖度在逐年降低。我们国家政府在正确的时间提出了能源革命，为我们进入生态文明提供非常系统的理论指导与战略部署。我们国家通过区域优化、调整能源结构等转变经济发展方式，通过能源革命改变中国的"环境库兹涅茨曲线"，改善环境质量与经济发展之间的倒 U 形关系。能源革命之于生态文明是个伟大的"革命实践"，承担着伟大的"革命任务"。图 2-6 阐释了跨越生态环境与经济绿色发展的"卡夫丁峡谷"。

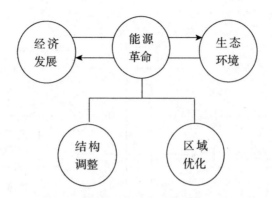

图 2-6　跨越生态环境与经济绿色发展的"卡夫丁峡谷"

从马克思主义角度界定生态文明，我们认为生态文明是一种新的生产方式，具有协调性、实践性、可持续性的特点，而本次能源革命从发布机构到实施过程具有顶层性、全面性、制约性的特点。其阐述了生态文明与能源革命之间的内在关系，指出了能源革命的理论基础符合马克思主义生态文明思想的中国化进程。能源革命是中国实现生态安全、生态文明的路径，是跨越经济发展与生态保护的"卡夫丁峡谷"的重要手段。

第三章

生态文明导向下的能源革命探索

第一节　优化能源结构推进能源革命

一、调整经济结构，促进能源结构调整

党的十八届五中全会提出了"创新、协调、绿色、开放、共享"的五大新发展理念。其中"创新""协调"相对于经济规律，"开放""共享"相对于社会规律，而"绿色"相对于自然规律。[①]"绿色"和"共享"是中国在新形势下提出的新的概念，这为中国未来经济发展方式定下了基调。未来发展需树立"绿色"发展理念，强调"我们既要绿水青山，也要金山银山。宁要绿水青山，不要金山银山，而且绿水青山就是金山银山"，为生态文明建设和美丽中国建设赋予实现中华民族伟大复兴中国梦的重要内容。[②] 绿色发展的价值取向是人与自然的和谐共生，主要原则是绿色低碳循环，基本抓手是生态文明建设。加快经济发展方式转变是"推动绿色发展"的重要路径。生态文明将告别以往

[①]　王衍行. 把握规律是"十三五"金融的主旋律［J］. 当代金融家，2015（12）：31.

[②]　绿水青山就是金山银山：关于大力推进生态文明建设［N/OL］. 人民日报，2014-07-11（12）.

的粗放型经济增长方式,减少甚至关停高污染、高耗能企业生产,取而代之向集约型经济转变,向以绿色、低碳、清洁为主的经济发展理念为主导方向转变。绿色低碳转型必将成为生态文明建设的基本路径。这一路径主要从以下几方面着手。

(一)升级传统产业

采用新的节能技术,对重点污染产业、重点污染企业以及重大能耗项目进行技术升级改造,提高资源的利用效率和资源回收率,减少污染物及温室气体排放。对重点能源企业进行技术攻关,提高煤炭、石油等重点化石能源的利用率和清洁度,从环境、能耗等各方面制定技术标准,严格控制高耗能、高污染工业企业的生产规模,尤其是对六大高耗能产业进行技术升级改造,减少能耗。淘汰、关停一些资源浪费严重、环境污染严重、生态破坏严重的传统产业、企业。

(二)大力发展节能环保产业

节能环保产业是顺应时代潮流和经济发展方式转变产生的一个新兴产业,其与其他产业的联系密不可分,其他各个产业都与节能环保相关。节能环保产业的发展有效缓解我国当前所面临的资源环境的制约,促进产业结构升级。《"十三五"节能环保产业发展规划》中提到"十三五"末期要将节能环保产业打造为中国的支柱产业,发挥引领中国经济社会变革的重要作用。目前节能环保产业平均以每年15%的速度增长,产值已超过4.5万亿元。发展节能环保产业要加大关键技术和装备的研发力度,大面积推广节能设备和设施,逐步扩大节能环保产品的市场份额,发挥节能环保产业在其他各个产业中的作用,提高渗透率。通过税收、财政等措施促进成熟技术产品的推广应用,继续推动十大"重大节能工程"及"节能产品惠民工程",大力发展节能服务产业。

（三）着力培养新能源产业

新能源具有低碳清洁的特点，符合绿色发展理念和绿色发展方式。世界上约有20%的电力供应来自新能源，为实现低碳绿色发展，各国都极力发展新能源产业。中国新能源产业在经历了十几年快速发展之后已经取得了巨大成就，太阳能、风能等发电量已经跃居世界第一。中国未来需引导新能源产业的持续发展，加大新能源产业与其他产业之间的联系，尤其是发电"并网"问题以及避免"弃风、弃电"等现象发生。

二、优化产业结构促进能源结构调整

产业结构优化是生态文明建设的重要手段。由于我国三大产业在各个历史阶段所处的历史地位不同，长期以来中国以重工业、轻工业等工业产业作为发展的重要支撑，但工业发展的同时产生了大量污染，破坏了生态环境。从低碳绿色发展理念和我国所处的经济发展阶段来看，盲目减少第二产业比重也并不符合现实，我们应在保持经济增长的同时，优化产业结构，在发展过程中逐步降低第二产业在国内生产总值中的比例，提升第三产业比例，逐步由"231"结构向"321"结构转型，促进中国经济增长由第二产业带动向依靠第一、二、三产业协同带动。随着工业化程度的加深，第三产业比重持续提高，将第三产业逐步发展成为拉动经济增长的主导性产业，2013年我国第三产业增加值已经超过第二产业并成为中国经济贡献的主要力量。

第三产业发展注重内部生态转化。现代服务业有能耗低、污染小等特点，具有较好的生态效果，能够有效减少对资源和环境的破坏，是符合低碳绿色发展理念的产业。但在推动第三产业发展的同时，需注重第三产业即服务业内部的生态化，发展生态服务业。服务业生态化转型、资源相互共享、产业关联程度高度相关，这有利于形成从产业主体到产业方式以及最后的产业服务对象之间生态化的发展模式，升级传统第三产业，进行生态化改造。发展以信息、金融、旅游、教育等高科技、高附加值产业为主的"节约资源能源和保护生态环境"的第三产业，既有利于第三产业比例提高，又有益于第三产业内部的生态化。

长期以来，我国一直是出口导向型国家，经济结构也是出口导向型结构，这种经济结构对资源的消耗较为严重，尤其是出口低端加工制造业对土壤、水资源的破坏较为严重，影响中国经济的可持续发展和对资源环境的保护。随着我国经济的发展，人民生活水平的提高，国内需求也逐渐旺盛，我国正在加大实施扩大内需战略，将我国由投资、出口拉动向投资、出口、消费三方面共同拉动。国内消费需求的提高主要影响了中国产业结构转型以及经济增长动力的转型。越来越多的消费者更加注重生活质量和消费产品质量，并对食品安全等消费品的重视日益加强，这将极大刺激国内消费。加之，我国互联网的兴起，电子商务产业的急速发展将强有力地推动国内消费，新的消费需求结构已经逐渐成形。为适应新的消费需求，我国投资结构也发生重大变化，从以轻工业为主逐渐转向现代高科技产品创新和绿色低碳发展领域。

经过长时间的出口导向，虽取得了重大经济成就，但国内资源环境受到严重破坏。加之，我国是一个人口众多、资源匮乏的国家。在以出口导向型为主的经济形势下，我国资源消耗势必会进一步加剧，资源能源消耗进一步恶化。为了保持长期可持续发展的经济增长，需要我们逐步转变单一出口这种增长方式，寻求资源消耗代价较低、经济增长较快、环境污染较少的增长方式。我们要倡导绿色低碳的消费方式，弱化我国产品净出口发展模式，由出口导向型向需求导向型转变。

三、加强科技创新促进能源结构调整

近些年来，随着原材料、劳动力以及环保成本的逐步上升，经济社

会发展面临资源能源枯竭和环境保护的双重压力。而科技是转变经济发展方式、调整产业结构的重要把手。以传统能源为主要消耗对象的产业存在粗放发展和重复建设现象，导致许多领域存在产能过剩的情况，还加重了空气、水资源以及土壤污染，这说明中国产业技术含量不高，发展遭遇技术瓶颈。要改变这种粗放发展方式就必须依靠科技创新，降低对资源能源的消耗，走新型工业化发展道路。① 只有依靠科技进步，加快中国产业升级和结构调整才能解决当前环境资源约束给中国经济社会带来的问题。

首先，通过科技创新引导产业结构向合理化方向发展。依靠科技创新，根据发展速度合理规划三大产业在国民经济结构中的配置和比例，在注重发展规模的基础上，也要注重产业发展质量，通过科技创新促进产业向高端化发展。加强各个产业之间的内部联系，依靠科技创新提升整个产业结构效益。其次，通过科技创新促进产业结构高度化发展。依靠科技创新促进产业结构向产品附加值高度化、产业加工高端化、产品技术高度化和产业节约高度化的方向发展，最终实现我国从劳动密集型向技术密集型方向的转变。② 再次，通过科技创新促进产业结构可持续发展。一方面依靠科技创新对传统行业技术进行升级改造，促进产业向低碳、绿色方向转变；另一方面通过科技创新促使高污染、高耗能、高投入产业转型，促进产业经济增长方式转变，走经济效益好、科技含量高、环境污染少、资源消耗低、人力资源优势得到充分发挥的新型工业化道路。最后，依靠科技创新促进新兴产业发展。通过科技创新引领，响应"大众创新，万众创业"号召，培养一批科技含量高、环境污染低的产业和产业群，以期服务业增量替代原有工业存量，不断改善中国

---

① 范文杰，丁宝玉. 用科技创新引领经济转型发展 [N]. 人民政协报，2015-12-18 (3).

② 严若森. 依靠科技创新促进产业结构调整 [J]. 理论参考，2010 (11)：52-54.

整体产业结构，不断培育国民经济新的增长点，继续加大对战略性新兴产业的投入和政策支持，全面提升国民经济发展质量与效益。

四、加快能源立法推动能源结构调整

习近平生态文明思想蕴含着生态制度的内涵，是生态文明制度建设思想的纵深发展，旨在建立和健全完整的生态文明制度体系，表明生态文明建设从注重理念和理论建设上升到制度建设和制度创新阶段。2012年，党的十八大报告中，胡锦涛首次明确阐述生态文明制度建设及相关任务，明确生态文明制度保障的重要性。2013年，党的十八届三中全会，习近平总书记明确提出了建立系统完备的生态文明制度体系。2015年，中共中央、国务院印发《生态文明体制改革总体方案》。这是生态文明建设的顶层设计，大力促进系统完整的生态文明制度体系加快建立，更进一步为生态文明建设指明方向，也为能源革命奠定了理论基础，生态文明制度体系建设的战略地位得以确立（见表3-1）。

表3-1　部分生态文明相关政策和法律法规

文件名称	时间
《大气污染防治行动计划》	2013年9月10日
《中华人民共和国环境保护法》	2015年1月1日
《水污染防治行动计划》	2015年4月16日
《中共中央国务院关于加快推进生态文明建设的意见》	2015年4月25日
《环境保护督察方案（试行）》	2015年7月1日
《生态环境监测网络建设方案》	2015年7月26日
《党政领导干部生态环境损害责任追究办法（试行）》	2015年8月9日
《生态文明体制改革总体方案》	2015年9月11日

续表

文件名称	时间
《中共中央关于制定国民经济和社会发展第十三个五年规划的建议》	2015 年 10 月 29 日
《编制自然资源资产负债表试点方案》	2015 年 11 月 8 日
《开展领导干部自然资源资产离任审计试点方案》	2015 年 11 月 9 日
《生态环境损害赔偿制度改革试点方案》	2015 年 12 月 3 日
《生态文明建设目标评价考核办法》	2016 年 12 月 22 日
《中华人民共和国深海海底区域资源勘探开发法》	2016 年 5 月 1 日
《中华人民共和国环境保护税法》	2016 年 12 月 25 日
全国人民代表大会常务委员会关于修改《中华人民共和国水污染防治法》的决定草案	2017 年 6 月 27 日
中央全面深化改革领导小组（现中央全面深化改革委员会）会议审议通过《生态环境损害赔偿制度改革方案》	2017 年 8 月 29 日
《中华人民共和国核安全法》	2017 年 9 月 1 日
生态文明写入宪法	2018 年 3 月 12 日
《关于在湖泊实施湖长制的指导意见》	2018 年 1 月 4 日
生态环境部务会议审议并原则通过《环境污染强制责任保险管理办法（草案）》	2018 年 5 月 9 日
《中共中央 国务院关于全面加强生态环境保护坚决打好污染防治攻坚战的意见》	2018 年 6 月 16 日
《打赢蓝天保卫战三年行动计划》	2018 年 7 月 3 日
《生态扶贫工作方案》	2018 年 1 月 18 日
《中华人民共和国土壤污染防治法》	2018 年 8 月 31 日
《关于深化生态环境保护综合行政执法改革的指导意见》	2018 年 12 月 4 日
《中华人民共和国电力法》修订	2018 年 12 月 29 日
《"无废城市"建设试点工作方案》	2019 年 12 月 29 日

续表

文件名称	时间
《建立市场化、多元化生态保护补偿机制行动计划》	2019 年 12 月 28 日
《关于建立以国家公园为主体的自然保护地体系的指导意见》	2019 年 6 月 26 日
《中华人民共和国资源税法》	2019 年 9 月 1 日
《关于在国土空间规划中统筹划定落实三条控制线的指导意见》	2019 年 11 月 1 日
《土壤污染防治基金管理办法》	2020 年 1 月 17 日
《关于构建现代环境治理体系的指导意见》	2020 年 3 月 3 日
《省（自治区、直辖市）污染防治攻坚战成效考核措施》	2020 年 4 月 27 日
《生态环境领域中央与地方财政事权和支出责任划分改革方案》	2020 年 6 月 12 日
《中华人民共和国生物安全法》	2020 年 10 月 17 日
《中华人民共和国长江保护法》	2020 年 12 月 26 日
《排污许可管理条例》	2021 年 3 月 1 日
《最高人民法院关于新时代加强和创新环境资源审判工作 为建设人与自然和谐共生的现代化提供司法服务和保障的意见》	2021 年 10 月 28 日

（一）能源立法现状及问题

推进中国能源立法具有紧迫性和必要性。能源立法是能源安全的重要保障，同时是促进能源行业正常持续健康发展的依据。前文中我们知道当前油气的对外依存度较高，严重影响了中国能源安全，保障能源安全的任务十分迫切。中国已经成为能源供给和消费的第一大国，能源立法工作理应取得相应的进展。[①] 党的十八大报告中以专章的篇幅描绘了生态文明建设的蓝图，勾勒了建设"美丽中国"的美好愿景。要实现

––––––––––––––

① 刘晓慧. 我国能源立法或已进入新阶段［N］. 中国矿业报，2015-09-03（6）.

"美丽中国"的伟大梦想，必须坚持走绿色发展和低碳发展之路，把生态法治上升到治国理政的重要方式，才能将这一梦想变成现实。①

20世纪90年代，随着中国市场经济体制改革，社会主义市场经济法律体系逐渐完善，能源立法工作也取得了长足的进步和突破。《中华人民共和国电力法》（以下简称《电力法》）历经多年终于在1995年出台。《电力法》的出台具有标志性意义，其是中国能源法律体系中第一部能源法律。随后能源领域的单行法纷纷出台，如2005年出台的《中华人民共和国可再生能源法》旨在适应新时期的需要，发展可再生能源，2006年出台了《中华人民共和国煤炭法》，2007年出台了《中华人民共和国节约能源法》。虽然诸多能源领域出台的单行法弥补了中国能源领域法律体系的空白，但是具有指导意义和顶层设计意义的《中华人民共和国能源法》（以下简称《能源法》）迟迟没能颁布。实际上，早在20世纪70年代，国家层面已经着手《能源法》的草拟工作，但随着国家结构调整，《能源法》草拟工作终止。2005年国家能源小组办公室牵头15个部委机构起草了第一版《能源法》，2007年《能源法》征求意见稿也已经发布，直至2016年《能源法（送审稿）》才由国家能源局提交至国务院原法制办，2020年4月国家能源局发布了关于《中华人民共和国能源法（征求意见稿）》的公告。除此之外，在中国能源领域中占有重要地位的天然气等清洁能源的法律也处于缺位状态，随着能源革命进程的加快，该领域的法律起草速度有望加快，但到最终公布还尚需时日。

可以看出中国能源立法在分领域中取得了一定成绩，但是具有顶层设计的、对能源领域具有指导性意义的法律法规仍未出台，能源立法速

---

① 曹明德. 生态法治是建设生态文明的根本保障［C］//中华环保联合会. 第九届环境与发展论坛论文集. 北京：中国环境出版社，2013：3.

度较为缓慢对中国能源的有序发展造成了一定影响。能源领域涉及的部门较多，环节也较为复杂，尤其是能源监管分散在各个部门，存在错综复杂的利益交织，加上能源产业链较长，生产、技术、经济等多个环节上主体不明确，通过法律统筹调整各方利益和各环节责任难度可想而知，这也是中国能源领域法律迟迟不能出台或者出台缓慢的主要原因之一。因此，在中国能源专业领域立法较为顺畅，单行法出台基本上也是依照部门出台。

除此之外，新能源领域的法律尚不完善，在某些领域还需出台相关法律法规进一步优化能源法律体系。政府在监督能源法律实施过程中也存在诸多不足。如太阳能领域，国家对太阳能产业实施鼓励政策时，一些太阳能企业甚至是行业外企业纷纷涉足该产业，造成太阳能产业发展严重过剩，同时出现了骗补等问题；中国出台相关法律鼓励可再生能源发展，但是"并网"等问题难以实现，严重阻碍了可再生能源的正常发展，原因一方面归结于技术，但更多的是政策执行力不足。能源立法还存在公众参与不到位现象，通过前文田野调查研究，我们发现在立法过程中很少听到公众的声音，民众的调查偏少，在制定能源法律时缺少或者弱化了公众的参与，不能完全反映相关能源法律的健全性，不适应能源发展的需要。

（二）能源立法速度加快

据《人民日报》2019 年 7 月 3 日报道，2014 年 6 月 13 日，习近平总书记在中央财经领导小组（现中央财经委员会）第六次会议上提出了能源革命，针对推进能源体制改革提出要抓紧制定石油天然气体制改革方案和电力体制改革方案，启动能源法律法规的立法工作。这表明，决策高层已经注意到能源体制的弊病，且迫切需要打破能源旧格局，能源立法速度有望加快。未来能源立法要处理好法律与改革之间的关系。

能源领域的改革措施，必须于法有据。要将立法决策和改革决策相结合，从法律制度上进行落实和体现。① 我们要看到两者之间存在矛盾，立法讲究固定性，改革讲究变动性；但是我们也要看到两者之间的联系，立法与改革之间是相辅相成、互为条件的。没有立法，改革便会失去方向，没有改革，立法将成为一纸空谈。因此，在能源立法与能源改革过程中要善于找到两者之间的平衡点。

要处理好基本法与其他单行法之间的关系。基本法与单行法之间应该相互补充、留有空间，是整体和谐的存在，从而形成以基本法为核心，以单行法为补充的局面。基本法在能源规划、能源监管以及国际合作上起到顶层设计的作用，单行法应该在这个框架内实施，并且其他单行法的制定和旧单行法的修订都应该以基本法为基础，基本法起到一个兜底的作用。基本法应该在监管方面统筹各部门力量，解决单行法实施困难的窘境，将其地位提升到母法的高度，解决涉及能源领域一些全局性和综合性的问题。

能源法治化是中国法治建设的一部分，也是深入落实全面依法治国的具体体现。立法的关键还是在于加强加快能源领域的法治建设，丰富能源法制体系，做到依法行政、依法监管、依法发展、依法落实、依法整改。

表3-2　世界其他国家能源法出台时间对比

国家	法律名称	出台时间	备注
美国	《2005年能源政策法》	2005年	在此之前已经颁布多部综合性能源法
日本	《能源政策基本法》	2002年	
德国	《能源产业法》	2009年	

① 刘晓慧. 我国能源立法或已进入新阶段［N］. 中国矿业报，2015-09-03（6）.

续表

国家	法律名称	出台时间	备注
法国	《能源政策法》	2005 年	
英国	《2010 能源法》	2010 年	之前是《2008 能源法》
意大利	《能源法案》	2011 年	
巴西	《巴西能源法》	2002 年	
加拿大	《能源供应应急法》	1985 年	
俄罗斯	《能源法》	2008 年	

表 3-3 部分可再生能源法规

文件名称	时间
《光伏电站消纳监测统计管理办法》	2021 年 12 月 3 日
《全国可再生能源供暖典型案例汇编》	2021 年 12 月 3 日
《光伏发电开发建设管理办法（征求意见稿）》	2021 年 11 月 26 日
《关于促进地热能开发利用的若干意见》	2021 年 9 月 10 日
《2021 年生物质发电项目建设工作方案》	2021 年 8 月 11 日
《国家能源局关于 2021 年风电、光伏发电开发建设有关事项的通知》	2021 年 5 月 11 日
《关于引导加大金融支持力度 促进风电和光伏发电等行业健康有序发展的通知》	2021 年 2 月 24 日
《国家能源局关于因地制宜做好可再生能源供暖工作的通知》	2021 年 1 月 27 日
《完善生物质发电项目建设运行的实施方案》	2020 年 9 月 11 日
《国家发展改革委 国家能源局关于印发各省级行政区域 2020 年可再生能源电力消纳责任权重的通知》	2020 年 5 月 18 日
《风电场项目环境影响评价技术规范》	2019 年 11 月 4 日
《国家发展改革委 国家能源局关于建立健全可再生能源电力消纳保障机制的通知》	2019 年 5 月 10 日
《电力安全生产行动计划（2018—2020 年）》	2018 年 6 月 27 日
《分散式风电项目开发建设暂行管理办法》	2018 年 4 月 3 日

续表

文件名称	时间
《解决弃水弃风弃光问题实施方案》	2017 年 11 月 8 日
《北方地区可再生能源清洁取暖实施方案编制大纲》	2017 年 6 月 6 日
《可再生能源电价附加补助资金管理暂行办法》	2017 年 3 月 14 日
《促进汽车动力电池产业发展行动方案》	2017 年 2 月 20 日
《全国农村沼气发展"十三五"规划》	2017 年 1 月 25 日
《地热能开发利用"十三五"规划》	2017 年 1 月 23 日
《新能源汽车生产企业及产品准入管理规定》	2017 年 1 月 6 日
《海洋可再生能源发展"十三五"规划》	2016 年 12 月 30 日
《海上风电开发建设管理办法》	2016 年 12 月 29 日
《海洋可再生能源资金项目实施管理细则（暂行）》	2016 年 12 月 22 日
《"十三五"生物产业发展规划》	2016 年 12 月 20 日
《可再生能源发展"十三五"规划》	2016 年 12 月 10 日
《太阳能发展"十三五"规划》	2016 年 12 月 8 日
《风电发展"十三五"规划》	2016 年 11 月 16 日
《生物质能发展"十三五"规划》	2016 年 10 月 28 日
《可再生能源调峰机组优先发电试行办法》	2016 年 7 月 14 日
《可再生能源发电全额保障性收购管理办法》	2016 年 3 月 24 日
《光伏发电站工程项目用地控制指标》	2016 年 1 月 1 日
《新能源公交车推广应用考核办法（试行）》	2015 年 11 月 3 日
《海洋可再生能源资金项目验收细则（试行）》	2015 年 8 月 12 日
《光伏发电企业安全生产标准化创建规范》	2015 年 4 月 20 日
《可再生能源发展专项资金管理暂行办法》	2015 年 4 月 2 日
《生物柴油产业发展政策》	2014 年 11 月 28 日
《关于实施光伏扶贫工程工作方案》	2014 年 10 月 11 日
《可再生能源建筑应用示范市县验收评估办法》	2014 年 9 月 16 日

第二节 能源革命具体实施

在能源革命实施过程中，有些重要探索可以先试先行，为在全国推广积累实践经验。我们以通州城市副中心、雄安新区、零排放城市与可再生能源示范城市为例，系统梳理这些有益探索，将之作为实现能源革命乃至生态文明的重要路径和经验加以推广。

一、生态文明示范城建设

（一）通州城市副中心建设

通州自规划为城市副中心以来，一直将生态建设赋予其规划之中，"海绵城市"建设试点是其一个重要体现。海绵城市，是新一代城市雨洪管理概念，是指城市在适应环境变化和应对雨水带来的自然灾害等方面具有良好的"弹性"，也可称为"水弹性城市"。国际通用术语为"低影响开发雨水系统构建"。下雨时吸水、蓄水、渗水、净水，需要时将蓄存的水"释放"并加以利用。2016 年 3 月，海绵城市试点获财政支持。2016 年 7 月，北京市"十三五"时期水务发展规划发布，通州被确定为全国第二批海绵城市建设试点。"海绵城市"建设可以提高城市生态系统功能，能够减少洪涝灾害的发生。通州城市副中心建设已经进入规划阶段，按照生态典范和高水平的标准，以"小雨不积水、大雨不内涝、水体不黑臭、热岛有缓解"为原则进行设计，还将充分利用通州城区五河交汇的特点，重视建设"生态道路"和"生态建筑"。

《北京城市副中心（通州区）"十四五"时期电力、燃气、供热市政城市规划》指出，为实现生态文明建设，通州未来规划除了建设"海绵城市"，还十分注重清洁能源使用，构建以电力和天然气能源为主，太阳能、地热能等为辅的清洁能源体系，实现100%清洁能源使用比例。实施煤改清洁能源、煤改电等工程，"十三五"末实现全区无煤化。以建设国家生态园林城市为目标，科学构建生态空间格局，提升全区生态建设水平。

（二）雄安新区建设

2017年4月1日中共中央、国务院决定在此设立国家级新区。中央提出雄安新区建设将突出七方面的重点任务：建设绿色智慧新城、打造优美生态环境、发展高端高新产业、提供优质公共服务、构建快捷高效交通网、推进体制机制改革、扩大全方位对外开放。①中央对雄安的规划充分体现了自然生态的重要性，需在整体规划中树立落实新发展理念，优先加强生态文明建设，不断完善生态功能。新区建设还要始终以人民的利益为中心，根据市民需求构建低碳绿色、有疏有密的宜居环境，并提供高效优质的城市服务，吸引北京人口，发挥疏解北京非首都功能的重要作用。

2017年2月23日，习近平总书记实地考察河北省安新县和白洋淀生态保护区时强调："雄安新区不同于一般意义上的新区，其定位首先是疏解北京非首都功能集中承载地，重点是承接北京疏解出的行政事业单位、总部企业、金融机构、高等院校、科研院所等，不符合条件的坚决不能要。"要用最先进的理念和国际一流的水准设计建设，坚持"世界眼光、国际标准、中国特色、高点定位"的理念，努力将雄安新区打造成贯彻五大新发展理念的创新发展示范区。

---

① 李江雪. 受权发布：中共中央、国务院决定设立雄安新区［EB/OL］. 新华网，2017-04-01.

至于雄安新区在生态文明建设时，应该注意以下几方面：一是注意保护白洋淀生态功能。白洋淀是国家重点生态湿地，总面积达 366 平方千米，是华北平原上最大的淡水湿地，被誉为"华北之肾"。在雄安新区建设过程中注意保护和加强白洋淀的生态功能，加快推进白洋淀生态防护林和生态林以及护堤林建设，推进白洋淀绿色生态走廊、美丽乡村绿化工程和生态景观绿化带建设，构建白洋淀绿色生态屏障。二是注重绿色智慧交通体系构建。在雄安交通规划中摒弃单纯宽马路、大广场布局，应该实行街区制，打造多功能小街区，修建生态公路，不仅要提高交通效率，还可以打造生态交通。在全区内推行可再生能源公交系统，推行以电动汽车为主的交通运输系统。同时，注重将信息化、智能化引入停车、交通管理、物流等系统，将交通减排节能作为另一项重点示范。三是培养绿色生产生活方式。坚决摒弃牺牲生态环境换取经济增长的做法，以管理和技术为手段，实现从源头到末端的全过程"绿化"。

（三）零排放城市与可再生能源立体开发融合发展

能源革命的本质体现之一是主体能源的更替或开发利用方式的根本性改变。加快可再生能源发展，以可再生能源引领能源革命，建设清洁低碳、安全高效的现代能源体系是中国生态文明建设和能源革命及绿色低碳发展的必然要求和重要支撑。2016 年 12 月发布的《可再生能源发展"十三五"规划》指出目前，可再生能源的发展已成为一个重要的推广方式，成为许多国家应对气候变化和能源转型的核心内容，也是我国推动能源生产和消费革命、促进能源转型的重要举措。但是，能源革命和生态文明建设是一个非常复杂的系统工程，应该努力尝试各种方法。其中，在我国中西部地区进行零排放城市建设与可再生能源立体开发融合发展可能会成为中国生态文明建设的一个重要探索。

零排放城市与可再生能源立体开发融合发展对建设生态文明具有多

层意义。首先，建设生态文明的需要。生态文明从概念上来讲，本身就包含着经济与环境的协调、生产与生活的并重。通过建设零排放城市与可再生能源立体开发的融合，既要考虑生态问题，又要考虑到生产问题，还要考虑到生活问题，是三者三位一体的融合，非常符合生态文明之精髓。其次，"四个能源革命"统一推进的需要。"四个能源革命"这一重大战略思想实际上是突破过去能源领域改革的分割式、碎片化、部门化局限，对能源领域推进改革进行全局性、系统性顶层设计。但是，能源领域涉及诸多部门和行业不同经济主体的利益，要真正统一起来非常困难。通过建设零排放城市与可再生能源立体开发紧密结合，就可以形成一个有效渠道，使"四个能源革命"统一到一个共同的平台上来，实现"四个能源革命"的真正推进。再次，可再生能源发展的需要。自 2005 年《中华人民共和国可再生能源法》颁布以来，中国的可再生能源领域取得了快速发展。但是，由于可再生能源是一个新兴产业，再加上出台的一些推动政策相对粗放，中国可再生能源产业目前仍面临着很多困难，其中一个重要问题就是目前中国许多地区出现了大规模的弃风弃光现象，这在我国中西部地区尤为突出。2016 年 7 月 27 日国家能源局发布《2016 年上半年风电并网运行情况》，数据显示：2016 年上半年，全国风电弃风率平均达 21%，较同期上升 6%，而中西部一些省区弃风弃光率更高。通过零排放城市建设与可再生能源立体开发相融合，很大程度上有助于就地消化可再生能源，提升可再生能源发展的技术水平和产业完善程度。最后，促进我国中西部地区快速发展。综合考虑各种因素和条件，我国融合发展零排放城市建设与可再生能源立体开发比较适宜的区域应该是中西部地区。因为这些地方资源富足，土地广饶，通过零排放城市建设与可再生能源立体开发，可以大力提升这些地区的产业水平、技术水平，促进人力资本发展、经济发展、社会进步和城市建设，并通过"开发性保护"的方式促使这些地方的生态环境得到明显改善。

零排放城市建设与可再生能源立体开发相融合具有坚实的基础。首先，具有良好的实践基础。可再生能源立体开发最主要的形式是风、光互补，光与农业、林业互补。目前，国内外已经有许多风光互补、"风能+""光伏+"项目，尤其是"光伏+农（林）业"的运行成效显著。从零排放城市建设来讲，国外也已经进行了很多探索。德国、英国、美国、芬兰、瑞典和奥地利等国家已经出现了各种形式、各种规模的零排放城市和100%可再生能源城市。其次，具有坚实的理论基础。建设零排放城市和可再生能源立体开发融合发展，虽然投资大，但是从长期来看，效益可观。这是因为有三个经济规律做基础：风、光互补，光与农业、林业互补，各个生产板块在同一空间上相互促进，相互降低对方成本、提高效益，这是范围经济产生的作用；单位土地的能源和非能源产品的产出水平提高，加上大规模连片开发，可以支撑储能等配套基础设施建设，使可再生能源产业系统更加完善，这是规模报酬递增经济的显现；高效立体开发的可再生能源供给与零排放城市建设对可再生能源大规模的需求并立于同一空间，这是供需机制的契合。这三个经济规律相互结合、相互推进，使得零排放城市建设与可再生能源立体开发相融合，形成一个良性的互动机制。

选好试点城市或区域是探索零排放城市建设与可再生能源立体开发融合的关键。虽然零排放城市建设与可再生能源立体开发融合发展潜力巨大，同时投资也巨大，要取得良好效果还是需要比较严格的条件，尤其是要选好合适的城市或区域。对城市或区域的选择来讲，应该至少有以下几个考虑：一是具有良好的风能、太阳能、土地资源禀赋以及合适的水资源。二是具有一定的城市建设基础，尤其是具有一定的科研等人力资本。三是在可再生能源发展方面已经具有一定的积累。目前来看，河北省的张家口、甘肃省的敦煌以及新疆维吾尔自治区的哈密等城市都可能是合适的备选。合理城市定位是探索零排放城市建设与可再生能源立体开发融合的重要支撑。城市是一个集经济、社会、生态的综合生命体，不是企业，更不是项目，难以专业化、单一化。从某种意义上讲，零排放城市无论是从内涵还是从外延都最符合生态文明建设。但是，零排放城市建设很难一蹴而就，而是充满各种挑战和困难，这在经济相对落后的中西部地区更是如此。在这种情况下，合理的城市定位就显得非常重要。在产业选择上，一方面，零排放城市要紧紧抓住可再生能源立体开发的"发展极"，但也不能仅仅局限在这个方面，也要大力发展与可再生能源有关的研发、会展、旅游等相关产业，形成产业合力。同时，可以适当发展一些低污染、低排放的其他产业。在城市功能上，除了能源，产业、生态、居住、教育、医疗等城市功能也需要跟进。在城市战略定位上，应该争取成为更大的区域、国家甚至国际的能源和环境领域探索综合试验区，涵盖能源领域的消费、供给、技术、体制以及国际合作等各方面，成为调动区域内外各种与能源、环境发展相关资源的衔接平台，充分调动国家甚至国际的政策、资金、技术等各种资源，加大城市建设投入。据悉，《可再生能源发展"十三五"规划》明确指出开展规模化应用的可再生能源供热示范工程，并开展区域能源转型综合应用示范工程建设。

二、新能源示范城市建设

为促进中国生态文明建设，推进能源生产和消费革命，发挥新能源在环保和能源结构调整中的重要作用，国家能源局编制了新能源试产城市和新能源示范区的发展规划。2014 年国家能源局公布了全国 81 个城市和 8 个产业园区作为第一批新能源示范城市和园区。这些城市和产业园区遍布全国（除西藏）的各个省（自治区、直辖市），覆盖面较广，力度较大。根据规划新能源示范城市（产业园区）将充分利用当地的可再生能源，提高可再生能源在消费中的比例。据统计，新能源示范城市（产业园区）2015 年共计完成替代能源 5624.2 万吨标准煤，新能源平均占城市能源比例为 10.74%，在新能源利用方面取得了明显效果。

为进一步加大新能源示范城市的推广，2016 年 1 月国家能源局同意安徽省金寨县创建首个国家高比例新能源示范县，2016 年 11 月国家能源局批复西藏日喀则、甘肃敦煌以及江苏扬中成为继安徽金寨之后第二批高比例新能源示范城市。[①] 新能源示范城市（产业园区）承担着能源结构调整和大力推广清洁能源的重要任务，需要充分利用当地发展清洁能源的条件，最大限度地将清洁能源利用到生产、生活消费中，大比例提高清洁能源的使用和规模。第二批高比例新能源示范城市更是如此：其中金寨县到 2025 年，实现城区范围无燃煤（油）区域、100%的家庭用能清洁化、可再生能源占城乡居民生活用能比重达到 90%。日喀则的可再生能源发电将以农光互补、牧光互补为主，重点建设万亩光伏+生态设施农业产业示范园区；敦煌将建设太阳能热发电、光伏协同示范基地，实现 100%可再生能源电力消纳；扬中将重点建设总装机容量40 万千瓦以上的屋顶分布式光伏电站，适度开发农光、渔光互补项目。

2015 年 7 月 29 日，国务院批复同意张家口设立可再生能源示范区，结合 2022 年冬奥会提出的在张家口建立国际领先的"低碳奥运专区"，示范建设，规划先行。为更好地建设张家口示范区，市政府注重完善顶层设计，编制战略规划指导未来发展。2015 年 11 月，张家口市开展了

---

① 金寨县获批全国首个国家高比例可再生能源示范县［EB/OL］. 世纪新能源网，2016-01-18.

风能、太阳能等新能源的专项规划编制工作，并发布了《河北省张家口市可再生能源示范区建设行动计划（2015—2017年）》，印发了《张家口市京张奥运迎宾廊道光伏规划报告》《太阳能资源开发利用规划》等一系列指导性文件。这些文件为张家口可再生能源示范区建设提供了科学依据。除此之外，当地市委、市政府还发布了《关于进一步加强可再生能源开发建设管理的通知》，明确了可再生能源开发的准入条件，规范了开发流程管理，提供了管理机制保障。此外，张家口针对奥运会制定了《科技冬奥（2022）行动计划》，旨在打造低碳电力及低碳热力两大平台，并且引入可再生能源智慧控制与交通两大网络，《零碳奥运专区规划》也在制订中。①

三、促进可再生能源加速发展

能源形势和气候变化正倒逼世界各国大力发展水能、风能、太阳能等可再生能源。强化全球能源转型和推进绿色低碳发展已经成为国际社会的共同使命。可再生能源迅速发展主要归因于美国、中国、印度等国政策的强力支持，以及大幅下降的太阳能和陆上风力发电成本。这几年，一场能源革命在中华大地启幕，中国的绿色新名片——"可再生能源第一大国"正引领全球。

近年来，中国成长为世界节能和利用可再生能源第一大国。光伏、风电、水电装机均稳居世界第一，不仅助力中国节能减排和经济增长，也为全球能源变革带来重大影响。

2017年7月10日，国际能源巨头BP集团在上海最新发布的《BP世界能源统计年鉴》显示，2016年全球可再生能源发电（不包括水电）

---

① 李鹏飞. 张家口可再生能源示范区获批设立一周年纪实 [EB/OL]. 北极星风力发电网，2016-08-01.

同比增长 14.1%，增加 5300 万吨油当量，为有记录以来最大增幅。其中，中国超过美国，已成为全球最大可再生能源生产国。目前，可再生能源在全球一次能源结构中比例只有 4%，但增长势头非常强劲。2016年可再生能源增长量占全球能源新增量的三分之一。其中，可再生能源发电占总发电量比例从 2015 年的 6.7% 上升到 2016 年的 7.5%。作为全球最大能源消费国，中国已成为全球能源结构优化进程中最重要的推动因子。截至 2016 年年底，中国风电累计装机量和太阳能累计装机量均位居世界首位。BP 集团首席经济学家戴思攀（Spencer Dale）说，中国正引领着全球可再生能源加速发展。2016 年中国贡献了全球可再生能源产量增长的 40% 以上，超过经合组织总增量。BP 统计年鉴同时显示，中国已经成为世界水电、核能增长的主要来源。2016 年全球水电产量同比增长 2.8%，相当于 2710 万吨油当量，其中，中国贡献超过 40%。在核能领域，2016 年全球核能产量同比增长 1.3%，增加了 930 万吨油当量，而中国核能产量增速达到 24.5%，增量为 960 万吨油当量，相当于全球核能生产净增长全部源自中国。

根据《2016 全球可再生能源发展报告》，2015 年中国在太阳能光伏装机量、风能装机量和太阳能热利用几项，都位列世界第一。国家能源局统计显示，"十二五"期间，中国水电、风电、太阳能发电装机规模分别增长 1.4 倍、4 倍和 168 倍，直接带动非化石能源消费比重提高了 2.6 个百分点。2017 年 6 月 17 日至 23 日，青海连续 168 小时使用光伏、风电和水电为全省供电，其中，国家电投黄河公司提供清洁能源发电量占 60% 以上。这是中国开创性地在省级区域范围内实现较长时间的 100% 清洁能源供电。

（一）太阳能

中国太阳能新增装机占世界的三分之一。《参考消息》2017 年 7 月

1 日载文称，2017 年 6 月 7 日在安徽省淮南市一废弃煤矿塌陷形成的湖泊上落成全球最大的漂浮式太阳能项目，其不仅在规模上领先全球，还被称为"中国新宏伟目标的一个有力象征——超过美国并在清洁能源领域处于主导地位"。《可再生能源发展"十三五"规划》指出，按照"技术进步、成本降低、扩大市场、完善体系"的原则，促进光伏发电规模化应用及成本降低，推动太阳能热发电产业化发展，继续推进太阳能热利用在城乡应用。到 2020 年年底，全国太阳能发电并网装机确保实现 1.1 亿千瓦以上。全面推进分布式光伏和"光伏+"综合利用工程。继续支持在已建成且具备条件的工业园区、经济开发区等用电集中区域规模化推广屋顶光伏发电系统；积极鼓励在电力负荷大、工商业基础好的中东部城市和工业区周边，按照就近利用的原则建设光伏电站项目；结合土地综合利用，依托农业种植、渔业养殖、林业栽培等，因地制宜创新各类"光伏+"综合利用商业模式，促进光伏与其他产业有机融合；创新光伏的分布利用模式，在中东部等有条件的地区，开展"人人 1 千瓦光伏"示范工程，建设光伏小镇和光伏新村。

光伏发电无疑是可再生能源行业中发展最快的。有关数据显示，2015 年年底，中国光伏发电累计装机容量达 4318 万千瓦，超越德国，成为全球光伏发电装机容量最大的国家。2016 年上半年，中国光伏新增并网装机容量高达 2000 万千瓦。

另外，光伏扶贫与光伏进社区在推进生态文明建设和能源革命方面也发挥了重要作用。

光伏扶贫主要是指在农村房屋或者农业大棚上铺设安装太阳能电池板，一方面可以发电自用，多余的部分可以上网销售给国家电网，使当地贫困户摆脱穷困面貌，增加劳动收入，脱离贫困线。2016 年 3 月，国家发改委、国务院扶贫办公室、国家能源局、国家开发银行、中国农业发展银行五部委联合印发了《关于实施光伏发电扶贫的工作意见》。意见指出，在光照条件较好、前期试点的 16 个省份中的 471 个县约有 3.5 万个建档贫困村，通过整村推进的方式保障 200 万建档贫困户年收入增加 3000 元以上。光伏扶贫是国务院扶贫办（现国家乡村振兴局）确定的"十大精准扶贫工程"的一项重要措施，充分将农村分散的居住特征和太阳能分布式能源的优势相结合。早在 2014 年国家能源局与国务院扶贫办（现国家乡村振兴局）就已经联合印发了《关于实施光伏扶贫工程工作方案》，方案计划用 6 年时间通过光伏扶贫工程建设，为全国 7000 多万贫困人口提供既绿色低碳又能带来收益的措施。2016 年 5 月，两部门出台《光伏扶贫实施方案编制大纲》，为进一步推动扶贫方案的实施做出了重要指导。

发展光伏扶贫对于实现能源革命具有重大意义。能源革命的核心要求是低碳和绿色发展。首先，光伏扶贫中"光伏"的使用，符合低碳、绿色的要求。太阳能分布式能源是新能源的一种利用方式，隶属于清洁能源之列，对于当地推广清洁能源、提高清洁能源比例具有示范作用。据统计，光伏发电相对于火力发电，每一度电减少 0.18kg 标准煤消耗，降低 0.426kg 二氧化碳排放，通过"光伏"发电可达到节能减排的效果。其次，光伏只是一种利用能源的方式，最终要落脚到发展上来，这才符合生态文明和能源革命中既要生态环境又要经济发展的要求，可以通过安装使用光伏售电或获得股权收益帮助当地贫困居民脱贫。我们还要跳出"光伏扶贫"看"扶贫"，"光伏扶贫"的使用者不一定是贫困户，也可以是其他组织。我们将"光伏扶贫"看作一个工程项目，围绕光伏发电构建产业链项目和体系，通过产业增强经济活力，创造就业岗位，拉动经济增长，实现当地人民增收。光伏发电一方面节省用电开支，另一方面多余电量还可以并入国家电网销售，直接拓宽了增收的渠道。通过改变模式创新，可以放弃"一家一户"的形式，将光伏发电资源集中起来，构建光伏综合区，以集约化、规模化的方式，打造"光伏+"扶贫模式，赋予光伏发电更多的功能，如"光伏+大棚""光伏+林地""光伏+农业"等形式。这样就能使扶贫的"输血"模式转变为自我"造血"模式，并能实现长期可持续发展，实现经济效益和社会效益的统一。这一方面需要中央和地方政府的支持，还需要当地金融系统与光伏产业对接，突破光伏产业融资时间长、见效慢的瓶颈，最终实现产业可持续发展和盈利。

目前来看，光伏扶贫的主要模式有四种：一是"一家一户"光伏试点，利用贫困户屋顶和院落安装光伏发电装置，通过自用和售电方式增收。二是以村为单位建立集体发电装置，收益由村集体和贫困户按照比例进行分配。三是光伏大棚模式，通过光伏发电发展现代农业，产权归投资企业和贫困户所有，收益按照规定进行分配。四是建立大面积光伏发电站，产权归投资企业所有，一部分股权分配给当地贫困户，贫困户取得股权收益。从推广效果来看，"光伏扶贫"取得了一定积极的成效。2015 年全国光伏扶贫试点取得了较好成果，光伏发电规模达 1800 多兆瓦，年收益达 23 亿元，投资收益率约 14%，全国 40 多万贫困户实现增收，近 1000 个贫困村解决了无集体收入的问题。全国贫困县中有一半以上年均等效发电时间超过了 1100 小时。这为我国坚定不移地走光伏扶贫之路开了先河。

在"光伏扶贫"过程中出现一批优秀项目范例。例如，汉能与广东佛山扶贫办共同推进云浮市光伏扶贫示范项目，分三阶段共为 99 个贫困村安装光伏发电系统，每年每户发电约 3000 度，创收 3700 元，每年节约标准煤 1162 吨，实现减排 2895 吨，不但实现了节能减排收效还为贫困居民的长期收益找到了出路。山东省聊城市将党政机关、企事业单位等 300 万平方米公共建筑物作为对象，安装光伏发电站共 232.7 兆瓦并实现并网发电，实现收益 2.3 亿元，扣除 7000 多万元的成本，将其收益全部用作点状分布的贫困群众脱贫，供给帮扶 2.33 万名点状分布的贫困群众，开拓出了"以城带乡"扶贫新模式。"光伏扶贫"既能实现农村居民连续创收，又能以低碳、环保、绿色的形式实现当地 GDP 增长，更重要的是落实中央精准扶贫的精神，是实现生态文明建设和实现全面建设小康社会的重要举措。

另外，光伏终端利用主要有规模化连片开发和小型分布式开发两种方式。小型分布式光伏利用方式又可以应用在大型公共建筑、路灯等市政设施，偏远农牧区和城乡居民集聚社区等。所谓"光伏进社区"就是全国城乡居民家庭大批量利用家庭光伏系统，甚至出现光伏的社区化联网交换、合作等更深入的活动。美国光伏利用则更侧重于分布式，尤其是居民家庭。根据美国国家可再生能源实验室的预测，美国 2021 年分布式光伏累计装机容量约占全部光伏累计装机容量的 46.1%，而居民光伏累计装机容量又约占分布式光伏累计装机容量的 61%，居民家庭光伏利用规模的增长速度要快于美国整体光伏行业。而我国光伏终端利用规模扩张十分迅速。2010 年，我国光伏累计装机容量为 800 兆瓦，2016 年则高达 74 480 兆瓦。但是，我国光伏终端利用各个方式之间的发展并不平衡，分布式光伏所占比例相对较低。2016 年我国分布式光伏累计装机容量的规模约为 10 300 兆瓦，仅占中国整个光伏累计装机容量的 13.3%。而且，分布式光伏终端利用在其各个途径的发展上也不平衡，主要集中在大型公共建筑、路灯等市政设施以及偏远农牧区上，真正具有潜力的城乡居民集聚社区则显得非常薄弱，呈现出数量少、碎片化的特点。①

与美国等国家对比，我们不难发现光伏进社区是可行的，而且潜力是巨大的。从能源革命消费端来看，要实现生态文明，倡导建设绿色低碳的消费方式，"光伏进社区"的开展不失为一个恰当的时机。从资源、技术、经济和社会来看，城乡居民集聚社区是光伏最具潜力的终端利用方式。我们认为诸多因素也为"光伏进社区"创造了有利条件：一是契合了光伏能源的资源和产品特征。光伏能源的能源密度低但光资源的空间分布相对均匀，更适合用能强度、用能质量较低的城乡居民生活用电。二是城乡居民集聚社区的可利用光资源非常丰富。城乡居民集聚社区的居民建筑屋顶（或外墙面）是巨大的光伏利用空间资源。根据住房和城乡建设部统计，截至 2015 年年末，在中国的城市建设用地中，居住用地面积约为 163 亿平方米，如果再考虑居民建筑的层高、容积率，光伏可利用面积可能会大大高于这个面积规模。2015 年年末中国乡村的总实有建筑面积超过了 255 亿平方米。三是城乡居民集聚社区普及光伏是光伏大众化、成熟化的最重要标志。从一般产品发展寿命周期来看，成为普通家庭的日常用品是某产品成熟化、形成蓝海市场的重要标志，如电冰箱、空调、汽车、互联网产品等。只有光伏普及城乡社区、家庭，光伏能源才能真正成为大众能源，光伏时代才能得以真正确立。

（二）风能

国际能源署报告显示，2015 年中国占全球可再生能源增量的 40%，每小时就有两台风力发电机安装到位。风电方面，中国早在 2010 年年底，风电累计装机便达到 4182.7 万千瓦，超过美国跃居世界第一。

---

① 郭庆方，杨卫东，李亚伟."光伏进社区"应及早谋划布局［N］.中国能源报，2017-05-08（4）.

2015 年，全国风电产业继续保持强劲增长势头，全年风电新增装机容量 3297 万千瓦，新增装机容量再创历史新高，累计并网装机容量达到 1.29 亿千瓦，这一数值占全球风电装机容量的四分之一。《可再生能源发展"十三五"规划》指出，按照"统筹规划、集散并举、陆海齐进、有效利用"的原则，严格开发建设与市场消纳相统筹，着力推进风电的就地开发和高效利用，积极支持中东部分散风能资源的开发，在消纳市场、送出条件有保障的前提下，有序推进大型风电基地建设，积极稳妥地开展海上风电开发建设，完善产业服务体系。到 2020 年年底，全国风电并网装机确保达到 2.1 亿千瓦以上。

（三）水电

水电产业也获得重大突破。早在 2014 年，中国水电装机容量便历史性地突破 3 亿千瓦，水电发电量更是历史性地突破 1 万亿千瓦，稳居世界第一。《可再生能源发展"十三五"规划》指出，要积极推进水电发展理念创新，坚持开发与保护、建设与管理并重，不断完善水能资源评价，加快推进水电规划研究论证，统筹水电开发进度与电力市场发展，以西南地区主要河流为重点，积极有序推进大型水电基地建设，合理优化控制中小流域开发，确保水电有序建设、有效消纳。统筹规划，合理布局，加快抽水蓄能电站建设。

（四）生物质能

《可再生能源发展"十三五"规划》指出，要按照因地制宜、统筹兼顾、综合利用、提高效率的思路，建立健全资源收集、加工转化、就近利用的分布式生产消费体系，加快生物天然气、生物质能供热等非电利用的产业化发展步伐，提高生物质能利用效率和效益。加快生物天然气示范和产业化发展，积极发展生物质能供热，稳步发展生物质发电，推进生物液体燃料产业化发展，等等。

（五）地热

《可再生能源发展"十三五"规划》指出，要坚持"清洁、高效、可持续"的原则，按照"技术先进、环境友好、经济可行"的总体要求，加快地热能开发利用，加强全过程管理，创新开发利用模式，全面促进地热能资源的合理有效利用。积极推广地热能热利用，有序推进地热发电，加大地热资源潜力勘察和评价等。

（六）海洋能

《可再生能源发展"十三五"规划》指出，要结合中国海洋能资源分布及地方区位优势，妥善协调海岸和海岛资源开发利用方案，因地制宜开展海洋能开发利用，使中国海洋能技术和产业迈向国际领先水平。完善海洋能开发利用公共支撑服务平台建设，初步建成山东、浙江、广东、海南四大重点区域的海洋能示范基地。加强海洋能综合利用技术研发，重点支持百千瓦级波浪能、兆瓦级潮流能示范工程建设，开展小型化、模块化海洋能的能源供给系统研发，争取突破高效转换、高效储能、高可靠设计等瓶颈，形成若干个具备推广应用价值的海洋能综合利用装备产品。开展海岛（礁）海洋能独立电力系统示范工程建设；在浙江、福建等地区启动万千瓦级潮汐能电站建设，为规模化开发海洋能资源奠定基础。

（七）光热发电

国家能源局 2016 年 9 月确定了首批 20 个太阳能热发电示范项目，总计装机容量 134.9 万千瓦，同时，国家发展改革委还明确了太阳能热发电标杆上网示范电价为每千瓦时 1.15 元。在政策利好下，中国光热项目密集开工，产业集群逐步形成。

四、加速乡村能源建设

能源革命和生态文明应该是全面的而不是局部的，我们强调在建设过程中城乡结合，突出乡村生态文明建设，建设美丽中国理应有建设美丽乡村的含义。能源革命不仅有减法，而且有加法，关键是优化；能源革命和生态文明不仅有工业、大中城市，还要有乡村、中小城镇。我们通过乡村能源建设揭示生态文明在乡村的发展进程。乡村在我国工业化和城镇化进程中，逐渐处于边缘化的地位。农村居住的分散性、运输成本等劣势使得农村发展尤其是传统能源使用不仅困难而且污染严重。

但是，当前新能源的发展为农村能源使用带来了新的机会，能源革命的推进正在改变着传统能源的使用方式，也将影响着我国乡村文明发展，影响着我国乡村能源使用方式变革。可再生能源中风能、太阳能、地热能、生物质能等与传统能源相比分布相对均衡，并且可再生能源摆脱了长距离运输的缺点，可以就地取材，这使得以分散居住为特征的农村和牧场对于新能源使用更加方便，对传统能源来说其是运输障碍，对新能源来说，乡村的分散特征则是优势。

据统计，我国已经是全球最大的太阳能热水器生产和消费国家，90%以上的市场在农村。[①] 我国从 20 世纪 70 年代到 80 年代初发展起来的沼气在乡村的使用和发展走在世界前列。我国已有 4000 多万户的农村家庭使用了沼气，占全国适宜农户的三分之一。沼气不仅解决了乡村清洁能源使用问题，还为循环经济的推广提供了有利条件。

乡村在传统能源使用上是被边缘化的对象，在新能源使用上则成为绿色能源使用与推广的新生力量。从发展趋势来看，我国乡村是实现能

---

① 张孝德. 生态文明视野下中国乡村文明发展命运反思 [J]. 行政管理改革，2013（3）：27-34.

源革命和生态文明建设的重要基地，也更具优势。对于乡村生态文明建设应该从以下几方面进行考虑：第一，乡村旅游业发展。我国广袤的乡村分布聚集了大约 70% 的旅游资源，政府应支持乡村旅游发展成为乡村经济发展的支柱产业，不仅能解决农村的发展问题，提高农民收入，还能实现低碳、绿色可持续发展。第二，有机农业。随着我国消费水平的不断提高，消费者对食品安全越发重视，高附加值的农林产品尤其是有机农产品将成为未来生态产业发展的新方向。第三，进一步加大对乡村可再生能源的发展。结合乡村分散特征，大力发展风电、太阳能、生物质能、沼气的推广使用，提高可再生能源在生活消费中的占比。我国乡村不仅没有传统能源的束缚和依赖，还对可再生能源的使用形成优势。我国乡村市场不仅可以称为世界上最大农村新能源市场，还区别于世界其他国家，走出一条适合中国乡村生态文明建设的特色发展道路，也为我国生态文明创立了一个全新的发展模式。

通过以上问题分析，以及能源本身的问题，从产业经济结构调整引导能源结构生产、消费优化，能源立法尤其是新能源立法方面，促进可再生能源发展，通过雄安生态示范城建设、可再生能源示范城市建设推动我国生态文明进程。能源革命乃至生态文明应该是全面的而非局部的。我们强调在建设过程中城乡接合，突出乡村生态文明建设，"光伏进社区"行动是可再生能源使用的生动实践。构建"零排放城市"也是中国进行能源革命实现生态文明的重要途径之一。

第四章

中国能源革命进展与实施效果

第一节　能源革命进展

一、规划政策先行

"能源消费革命、能源供给革命"的提出已有 10 多年，四个"能源革命"的提出已有 10 年，在能源领域引发了一系列改革，出台了一系列政策，见表 4-1。

表 4-1　党的十八大后中央政府及部委推出的与能源有关的主要政策文件

序号	政策类型	顶层设计方案	提出或制定机构	时间
1	能源发展战略部署	党的十八大报告提出"推进能源生产和消费革命"	中国共产党第十八次全国代表大会	2012 年 10 月
2		"四个革命、一个合作"	央财经领导小组（现中央财经委员会）	2014 年 6 月
3	总体规划	《能源发展战略行动计划（2014—2020 年）》	国务院办公厅	2014 年 11 月

续表

序号	政策类型	顶层设计方案	提出或制定机构	时间
4	配套专项规划或实施方案	《关于促进光伏产业健康发展的若干意见》	国务院	2013 年 7 月
5		《第一批新能源汽车推广应用城市或区域名单》	财政部、科技部、工业和信息化部、国家发展和改革委员会	2013 年 11 月
6		《第二批新能源汽车推广应用城市名单》	财政部、科技部、工业和信息化部、国家发展和改革委员会	2014 年 2 月
7		《创建新能源示范城市（产业园区）名单（第一批）》	国家能源局	2014 年 1 月
8		《煤电节能减排升级与改造行动计划（2014—2020 年）》	国家发展和改革委员会、环境保护部（现生态环境部）、国家能源局	2014 年 9 月
9		《关于实施光伏扶贫工程工作方案》	国家能源局、国务院扶贫开发领导小组办公室（现国家乡村振兴局）	2014 年 10 月
10		《全面实施燃煤电厂超低排放和节能改造工作方案》	环境保护部（现生态环境部）、国家发展和改革委员会、国家能源局	2015 年 12 月
11		《关于实施光伏发电扶贫工作的意见》	国家发展和改革委员会、国务院扶贫开发领导小组办公室（现国家乡村振兴局）、国家能源局、国家开发银行、中国农业发展银行	2016 年 3 月
12		《能源发展"十三五"规划》	国家发展和改革委员会、国家能源局	2016 年 12 月
13		《可再生能源发展"十三五"规划》	国家发展和改革委员会	2016 年 12 月
14		《能源技术创新"十三五"规划》	国家能源局	2017 年 1 月

续表

序号	政策类型	顶层设计方案	提出或制定机构	时间
15	专项体制改革	《中共中央、国务院关于进一步深化电力体制改革的若干意见》	中共中央、国务院	2015 年 3 月
16		《天然气基础设施建设与运营管理办法》	国家发展和改革委员会	2014 年 3 月
17		《关于煤炭行业化解过剩产能实现脱困发展的意见》	国务院	2016 年 2 月
18		《关于进一步规范和改善煤炭生产经营秩序的通知》	国家发展和改革委员会、人力资源社会保障部、国家能源局、国家煤矿安监局（现国家矿山安全监察局）	2016 年 3 月
19		《中共中央国务院关于推进价格机制改革的若干意见》	中共中央、国务院	2015 年 10 月
20		《关于加强地方天然气输配价格监管降低企业用气成本的通知》	国家发展和改革委员会	2016 年 8 月
21		《天然气管道运输价格管理办法（试行）》和《天然气管道运输定价成本监审办法（试行）》	国家发展和改革委员会	2016 年 10 月
22		《能源技术创新"十三五"规划》	国家能源局	2017 年 1 月
23		《能源生产和消费革命战略（2016—2030）》	国家能源局	2017 年 4 月
24		《推动丝绸之路经济带和21世纪海上丝绸之路能源合作愿景与行动》	国家能源局	2017 年 5 月
25		《能源技术革命创新行动计划（2016—2030）》	国家发展和改革委员会、国家能源局	2017 年 4 月
26		《关于深化石油天然气体制改革的若干意见》	国家发展和改革委员会	2017 年 5 月

资料来源：根据中共中央、国务院相关政策整理。

从能源革命涉及的各个方面来看，在中央财经领导小组（现中央财经委员会）第六次会议上提出"四个革命、一个合作"的能源发展战略后，国务院主持召开国家能源委员会第一次会议，研究讨论了《能源发展战略行动计划（2014—2020年）》，明确了我国能源发展的战略方针和目标，将能源发展战略从提出发展到贯彻落实具体行动纲领，并于2014年12月20日印发。2016年11月，国家能源委员会会议审议通过由国家发改委和国家能源局共同制定的《能源发展"十三五"规划》并于当年12月发布，电力、可再生能源等14个能源专项规划也陆续发布。为贯彻执行能源发展规划的总体要求，2017年1月16日我国国家能源局印发《能源技术创新"十三五"规划》，随后印发了《能源技术革命创新行动计划（2016—2030）》《能源生产和消费革命战略（2016—2030）》《推动丝绸之路经济带和21世纪海上丝绸之路能源合作愿景与行动》。从整体上看，关于"四个革命、一个合作"的能源革命路线规划图已逐渐清晰。从上表可以看出，推出"能源革命"的几年内，中央政府及相关部委推出了很多与能源改革和发展有关的政策文件，政策类型多样，出台政策文件的部委数量也比较多，涉及能源领域的诸多管理细则和政策导向等，充分表明"能源革命"掀起了能源改革和发展的高潮。

二、改革举措

（一）煤炭产业

1. 去产能

无论是消费端还是供给侧，煤炭在我国能源结构中占有绝对地位。对能源领域进行革命，煤炭行业首当其冲。2015年年末，中央经济工作会议提出"去产能"重大任务，2016年化解煤炭行业过剩产能成为能源革命首要任务，煤炭行业 2016 年掀起了一波结构性改革的热潮。

2016 年年初国务院发布《关于煤炭行业化解过剩产能实现脱困发展的意见》，其中提到用三至五年的时间，再退出产能 5 亿吨左右，随后多个省份先后公布了去产能的具体任务和目标。2016 年 3 月，国家发改委、人社部等部门联合发布《关于进一步规范和改善煤炭生产经营秩序的通知》，明确要求要引导中国煤炭企业生产减量发展。2016 年 5 月，全国 25 个省份签订目标责任书，并报送了实施方案，共去煤炭产能 8 亿吨左右，涉及职工 150 万人左右。截至 2016 年年底全国共计去产能 3 亿吨左右，圆满完成煤炭行业去产能任务，见表 4-2。

表 4-2　部分省市（央煤）去产能任务表

省（区、市）或央煤	关闭（退出）	合计产能（万吨）	"十三五"规划合计产能（万吨）
贵州	147	2368	7000
河南	89	2215	6254
山西	21	2000	10000
四川	144	1983	3303
云南	121	1865	2088
陕西	42	1824	4706
山东	58	1625	6460
湖南	257	1610	1500
河北	56	1458	5103
辽宁	39	1327	3040
重庆	219	1300	2300
江西	205	1279	1868
江苏	11	1016	1182
黑龙江	15	983	2567
安徽	6	909	3183

续表

省（区、市）或央煤	关闭（退出）	合计产能（万吨）	"十三五"规划合计产能（万吨）
湖北	124	400	800
内蒙古	20	330	5414
广西	23	227	—
福建	6	212	600
甘肃	2	192	1000
宁夏	8	107	122
北京	1	100	京煤集团退出（关闭）
新疆	4	38	282
青海	2	9	276
神华集团	5	787	3000
中煤集团	3	300	2410

注：国家能源局2014年公布京煤集团四大煤矿生产能力合计620万吨/年。

数据来源：国际煤炭网。

2. 煤电联产

我国致力于推动煤电联产项目，以期实现能源结构调整和节能减排工作，2015年9月国家发改委、环境保护部（现生态环境部）、国家能源局三部门联合发布了《煤电节能减排升级与改造行动计划（2014—2020年）》（以下简称《行动计划》），提出要实现提高技术装备水平、提高安全运行质量、提高电煤占煤炭消费比重的"三提高"和降低供电煤耗、降低煤炭占比、降低污染排放的"三降低"目标，并对东中西部煤电产业做了超低排放的要求。2015年12月国家发改委、国家能源局、环境保护部（现生态环境部）三部门又发布《全面实施燃煤电厂超低排放和节能改造工作方案》（以下简称《方案》），其中明确要求到"十三五"末，全国有条件的煤电厂实现超低污染排放。该

《方案》是《行动计划》的升级版，不仅将范围扩展到全国，而且将时间节点也提前了2~3年，煤炭超低排放提速、扩围行动正式拉开。[①]

（二）稳步推进油气改革

2015年国家能源局按照党中央、国务院的部署，配合国家发改委，推动石油天然气体制改革工作，组织相关单位开展油气领域矿产权、管道网运分离、原油进口权、主辅分离、混合所有制改革、价格改革等方面的研究，提出了关于油气改革的建议，形成的《关于深化石油天然气体制改革的若干意见（送审稿）》报送国务院审批，并于2017年5月21日由中共中央、国务院印发。

本次油气体制改革的发展思路主要涉及以下四个方面：一是降低石油天然气产业链上中下游各领域的市场准入门槛，拆除市场准入政策和管制壁垒，吸引民间投资，推动油气领域混合所有制改革，为能源领域市场化改革和推动市场化竞争创造有利环境。二是原油进口权放开。油气改革旨在通过取消进口配额及资质的限制，打破原有主体的垄断地位，全面与市场化接轨，还原油气产品市场化的属性，赋予油气市场竞争性地位。三是管网独立，推行混合所有制。在2015年《关于深化国有企业改革的指导意见》中提到"自然垄断企业实行网运分开，放开竞争性业务，促进公共资源配置市场化"。此后中石油公司出售中亚天然气管道50%股权，视为油气领域市场化开放实行混合所有制改革的重要起点。四是价格形成机制改革。2015年中共中央、国务院印发《关于推进价格机制改革的若干意见》中提到推进油气领域价格改革，放开竞争性环节价格，充分发挥市场决定价格的作用。

2016年以来，我国先后出台了《关于加强地方天然气输配价格监管降低企业用气成本的通知》《天然气管道运输价格管理办法》《天然

---

① 2015中国能源年度记忆［N］. 中国能源报，2015-12-28（1）.

气管道运输定价成本监审办法》等涉及天然气市场化改革的相关政策。2016 年 12 月 24 日国家能源局发布《加快推进天然气利用的意见》,政策出台一方面主要围绕加快天然气市场快速发展,发展天然气作为能源体系的主体能源,为节能减排、绿色发展提供能源支撑,另一方面围绕天然气市场中价格改革和机制改革两大核心展开,并有序支持河北、上海、重庆、江苏等省市天然气改革试点。以充分发挥市场对资源配置的作用为主线,引入社会资本,中石油公司首先在天然气领域打开缺口,分离管道运营和销售业务,组建五大区域公司和天然气销售公司,实行两级管理机构。2016 年中石化向中国人寿和国投交通出售天然气管道公司 50% 股权。

(三) 电力改革

电力行业最大的进步在于 2015 年 3 月中共中央国务院下发的《关于进一步深化电力体制改革的若干意见》,主要侧重于"三放开、一独立、三加强",即放开新增配售电市场,放开输配以外的经营性电价,放开公益性、调节性以外的发电计划;交易机构相对独立;加强政府监管,强化电力统筹规划,强化和提升电力安全高效运行和可靠性供应水平。这集中体现了电力改革的市场化进程,价格管制进一步放松交给市场,并凸显政府的监督职能,电力发展体制逐步得到完善。[①]

电力改革试点已经在全国范围内铺开。实现 2014 年试点从深圳起步,先后经过三次扩围,目前除西藏地区以外全部覆盖。云南、贵州自 2015 年 11 月获得首批综合试点,直到 2016 年 11 月收到湖南电改综合试点批复后,全国有 21 个省市获得综合电改试点。目前在北京和广州设立了两个国家级电力交易中心和全国多数省级电力交易中心,其中在

---

① 李波. 开启万亿市场 新电改催生四大投资机会 [N]. 中国证券报,2015-03-23 (A12).

广州、昆明、贵州、陕西、重庆等地采取股份制形式。2016 年国家发改委和国家能源局联合发布通知，确立了延庆智能配电网等 105 个项目为第一批增量配电业务试点项目。

此外，《电力中长期交易基本规则》《电力市场监管办法》及《电力市场运营基本规则》三个市场交易及监管文件已经开始公开征求意见，表明电力市场体制改革建设即将提速。电力市场还将落实中央西藏、新疆工作会议精神，提出西藏和新疆电力体制综合改革方案。

（四）新能源领域发展

新能源发展在我国能源结构调整、节能减排中发挥了重要作用，我国特别重视以核电、风能、太阳能等为主要形态的新能源领域发展。风能方面按照《能源战略发展行动规划 2014—2020 年》大力推进酒泉、蒙西、蒙东、江苏等 9 个大型风电基地及配套电网工程建设，继续推进中国"三北"地区风电建设，力推江苏、浙江、福建、广东等沿海地区海上风电计划，提高风电等非化石能源的一次消费比例。在太阳能方面积极落实《关于促进光伏产业健康发展的若干意见》，加强光伏并网和提高光伏发电补贴金额，推动大型商场、工业企业建设分布式光伏发电示范区，从 2015 年批准山西大同首个国家先进技术光伏示范基地项目为"光伏领跑者"计划以来，连续三年要求逐步扩大"光伏领跑者"基地的建设规模。核电方面积极推动沿海地区核电项目建设，并开始研究论证内陆核电建设，开展了 30 多个内陆核电厂选址前期调研工作，有望在"十三五"期间开工建设内陆核电站。除此之外，在生物质能、地热能等方面，通过积极实施生物质能和地热能供热示范工程建设及推动全国 50 个生物天然气示范县建设，为清洁能源替代煤炭、促进大气污染治理和节能减排发挥了重大作用。

第二节　能源革命实施效果

一、能源供给总量降低

（一）能源生产总量平稳增长，质量进一步提高

根据国家能源局统计数据（图4-1），2019年我国能源生产总量约39.7亿吨标准煤，自2014年以来，呈现先降低后增长的趋势，5年来增长仅9.6%，结束了我国能源生产连年大幅上涨的趋势。同样，原煤生产在2013年达到27.05亿吨标准煤的顶峰后，自2014年开始连续4年下滑，2018年生产量还未及2014年的生产量，2019年仅小幅高于2013年的生产量，达27.23亿吨标准煤。原油生产自2015年6月开始持续下降，2019年原油生产1.9亿吨，较2013年下降约9%；天然气生产1773亿立方米，较2013年增长43%；电力生产（发电量）71 422亿千瓦时，比2013年增长76%。需要强调的是，我国自2015年实施"去产能"政策以来，大力推进产能过剩企业尤其是煤炭企业的转型升级，提高了煤炭供给质量，收效甚佳。仅2016年一年就取消1240万千瓦煤电项目，关停落后煤电机组492万千瓦。除了关停，还对煤电机组进行节能与超低排放改造，规模超过1亿千瓦。

（二）发电结构进一步改善

火力发电尤其是燃煤发电在我国电力供应结构中占有绝对比例，基本在70%以上。随着政府对清洁能源尤其是清洁发电的重视，水电、风电、核电、太阳能发电得到快速发展，并保持高速增长，已成为水电、风电、太阳能发电装机世界第一大国。根据国家能源局统计数据，2016年水电累计装机容量3.32亿千瓦，累计发电11 807亿千瓦时，风电累计装机容量达

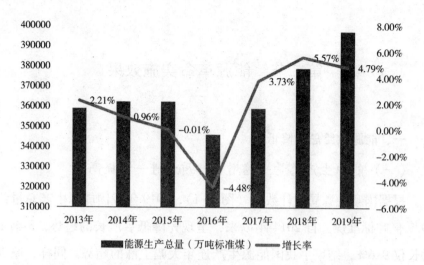

图4-1 2013—2019年中国能源生产情况 （单位：吨标准煤，%）

数据来源：《中国统计年鉴2019》《中华人民共和国2020年国民经济和社会发展统计公报》。

1.49亿千瓦，累计发电量为2410亿千瓦时，太阳能累计装机容量达0.77亿千瓦，累计发电量为662亿千瓦时，分别占全国发电量的19.4%、3.9%、1%。水电和风电比例较2013年分别提升了5.4、2.3个百分点（见图4-3）。此外，2016年商业运行核电机组35台，运行装机容量33 632.16兆瓦，累计发电量为2132亿千瓦时，占全国发电量的3.5%。虽然火力发电比例依然维持在72.2%的高比例，但较2013年下降了6.3个百分点。图4-2阐释了2013—2019年中国能源生产结构的变化趋势。

二、能源消费逐步优化

（一）消费总量增长放缓

从2014年开始，我国能源消费总量增速放缓，进入低速增长阶段。截至2019年年底，我国能源消费总量约为48.7亿吨标准煤，同比增长3.2%左右，以2013年为界线，对比2008—2013年与2014—2019年两

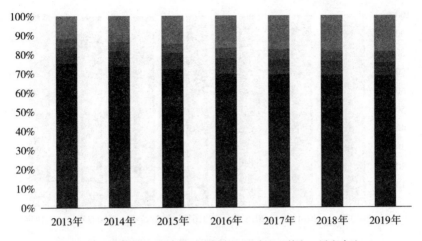

图 4-2　2013—2019 年中国能源生产结构（单位：%）　　作者自制

数据来源：《中国统计年鉴 2020》

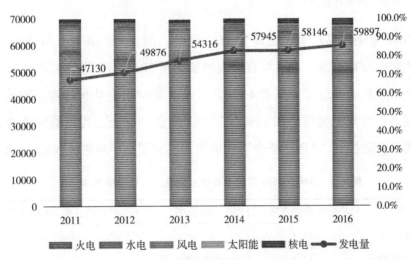

图 4-3　2011—2016 年中国发电量总量及比例结构（亿千瓦时，%）

个 5 年，能源消费平均增长率明显下降，2008—2013 年能源消费总量年度平均增长 5.02%，而 2014—2019 年仅为 2.63%，能源消费总量增速明显放缓。需要特别指出的是，煤炭消费总量在 2013 年达到 42.4 亿吨的峰值之后，2014 年首次出现下降，降至 41.2 吨，此后逐年下降，

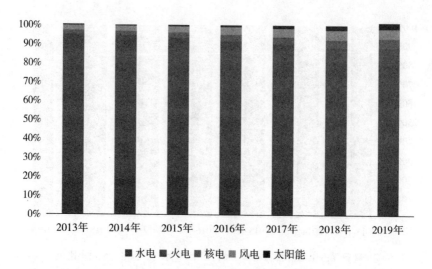

图 4-4　2013—2019 年中国发电量总量及比例结构（亿千瓦时，%）

数据来源：《中国统计年鉴 2020》《中华人民共和国 2020 年国民经济和社会发展统计公报》。

至 2016 年全国煤炭消费总量为 35.2 亿吨，创三年来新低，与 2013 年相比降幅高达 16%，此后虽有小幅增长，至 2019 年年底还未超过 2014 年全年煤炭消费总量（见表 4-3）。可以说 2014 年是中国能源消费的一个拐点，与我国实施"四个革命"的时间点相吻合，我国能源消费总量得到有效控制，"四个革命"在消费端起到了立竿见影的效果。

表 4-3　2007—2016 年能源消费总量表　（亿吨标准煤，%）

年份	能源消费总量	增长率	平均增长率（每 3 年）
2007 年	31.1	—	—
2008 年	32.1	3.22%	
2009 年	33.6	4.67%	
2010 年	36	7.14%	
2011 年	38.7	7.50%	5.02%
2012 年	40.2	3.88%	
2013 年	41.7	3.73%	

续表

年份	能源消费总量	增长率	平均增长率（每3年）
2014 年	42.8	2.74%	
2015 年	43.4	1.35%	
2016 年	44.1	1.70%	2.63%
2017 年	45.6	3.25%	
2018 年	47.2	3.53%	
2019 年	48.7	3.19%	

数据来源：《中国统计年鉴2020》《中华人民共和国2020年国民经济和社会发展统计公报》。

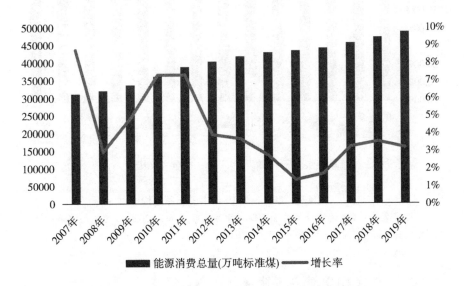

■能源消费总量(万吨标准煤)　——增长率

图4-5　中国能源消费总量及增长率（亿吨标准煤，%）

数据来源：《中国统计年鉴2020》《中华人民共和国2020年国民经济和社会发展统计公报》。

（二）能源结构逐步多元化

如图4-5与图4-6所示，从能源消费构成上看，2019年煤炭消费占比57.7%，比2013年年底下降9.7个百分点；石油消费占18.9%，比 2013 年年底略有提升，增长 2.8 个百分点；天然气消费占 8.1%，比 2013 年年底提升 2.9 个百分点；水电、风电、核电、天然气等清洁能源消费占比达到 15.3%，比 2013 年年底提升 5.1 个百分点。总体来看，中国能源消费煤炭的占比逐渐降低，清洁能源发展迅速且占比逐年提升，中国正逐步向多元化能源消费结构改进。

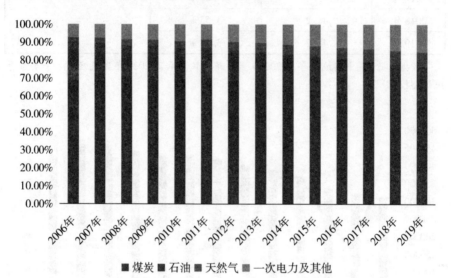

图 4-6　2006—2019 年中国能源结构

数据来源：《中国统计年鉴 2020》《中华人民共和国 2020 年国民经济和社会发展统计公报》。

（三）单位 GDP 能耗逐步降低

2019 年在经济形势不利的情况下，我国依然保质完成了节能减排任务。根据我国国家统计局数据（见图 4-7），2019 年单位 GDP 能耗（每万元国内生产总值能源消费量）较上年下降 2.6%，且 2013 年以来我国单位 GDP 能耗降幅比例在 24% 以上，2013 年相对于 2008 年仅下降了 15% 左右，开展"能源革命"后单位 GDP 能耗相比前 6 年加速下降，节能减排取得了明显效果，这相当于开展"能源革命"后我国能源消费每年以 2.63% 的增长支撑了国民经济约 7% 的增长，成果十分不易。

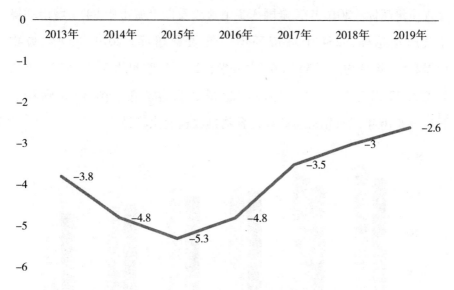

图 4-7 2013—2019 年 GDP 能耗下降比例

数据来源：《中国统计年鉴 2020》《中华人民共和国 2020 年国民经济和社会发展统计公报》。

（四）空气污染得到一定改善

进入 21 世纪以来，中国经济快速发展，由此带来的环境污染问题也引起高层重视，所以我国早在 2003 年就提出"科学发展观"的重大战略思想。2014 年在能源领域提出能源革命后，能源领域改革快速发展，能源利用更加注重低碳、绿色，煤炭、石油等化石能源污染排放有效降低，清洁能源比例快速上升，我国环境污染问题得到改善。根据环境保护部（现生态环境部）《2013 年中国环境状况公报》数据，我国 SO_2 排放量为 2043.9 万吨，氮氧化合物排放量 2227.4 万吨，到 2019 年 SO_2 排放量减少到约 1600 万吨，较 2013 年下降约 22%，氮氧化合物排放下降到约 1580 万吨，较 2013 年下降 30%。根据生态环境部《2019 年中国生态环境状况公报》数据，在生态环境部监测的 337 个城市中，

2019 年城市空气质量达标的城市中有 157 个城市达标，180 个城市环境空气质量超标。2016 年，全国 338 个地级及以上城市中 84 个城市环境空气质量达标，254 个城市环境空气质量超标。2019 年细颗粒物（PM2.5）年平均浓度 36 微克/立方米，2013 年监测的 74 个城市年平均浓度为 72 微克/立方米，环境质量得到明显改善。图 4-8 阐释了 2011—2016 年二氧化硫与氮氧化合物排放量变化趋势。

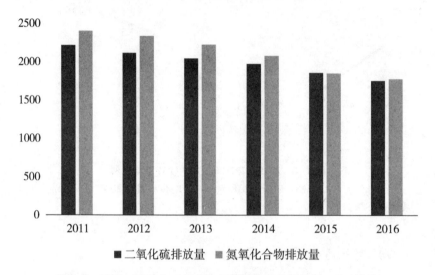

图 4-8　2011—2016 年二氧化硫与氮氧化合物排放量　作者自制

三、技术水平实现突破

在煤炭领域，我国已经实现年产 2000 万吨露天矿与年产千万吨综采成套设备的国产化，大型煤矿采煤机械化程度达到 98%，促进了煤炭绿色开采和高效利用。在煤制清洁能源技术方面也取得了长足进步，如煤制气项目已经实现产业化发展。在油气领域，我国基本上形成了适合中国陆相储集层的有效致密气勘探开发技术，3000 米深水半潜式钻井船等装备实现自主化，建立了浅层超稠油油藏经济高效开发技术体系，页岩油气勘探开发技术和装备水平大幅提升，天然气水合物试采取得成功。在水电领域，中国大型水电筑坝和 100 万千瓦水电机组设计制造世界领先，电网技术与信息技术不断融合，掌握了特高压直流输电关键技术，具备最大单机容量达十兆瓦的全系列风电机组制造能力，不断刷新光伏电池转换效率世界纪录；在核电技术领域，我国自主研发具有自主知识产权的"华龙一号"、CAP1400 等三代核电技术已经出口海外并承担中国核电规模化发展的主力，新一代核电、小型堆等多项核能利用技术取得明显突破。同时中国具有四代安全特征的高温气冷堆核电技术也已研发成功，在燃煤替代、热电联产、核能制氢等方面有更广阔的发展前景，有望成为中国节能减排的重要引擎。在新能源领域，光伏、风电等产业关键技术和设备与世界发展同步，晶体硅太阳能电池产业化发展，投入使用三兆瓦风电机组等装备。能源技术领域的进步为中国能源清洁化提供了动力支撑，为能源结构调整提供了坚实基础，同时有利于加强中国与世界在能源领域的合作，保障中国能源安全。此外，中国已经建成了规模最大、安全可靠、全球领先的电网，供电可靠性位居世界前列。"互联网+"智慧能源、储能、区块链、综合能源服务等一大批能源新技术、新模式、新业态正在蓬勃兴起。[1]

四、体制改革持续深化

中国能源领域体制改革主要围绕还原能源商品属性，建立有效的竞争市场结构和市场体系，形成价格机制和能源监管机制，并构建能源法治体系。

2014 年财政部、国家税务总局发布《关于实施煤炭资源税改革的

---

[1] 《新时代的中国能源发展》白皮书［EB/OL］. 中华人民共和国国务院新闻办公室，2020-12-21.

通知》自当年 12 月 1 日起在全国范围内实施煤炭资源税从价计征改革，同时清理相关收费基金。这是煤炭价格改革中最重要的环节，是煤炭行业走向市场化、市场决定价格还原能源商品属性迈出的关键一步，也是引导能源领域投资进一步向民间资本开放的关键一环。2016 年 10 月以来，国家发改委陆续发布的《天然气管道运输价格管理办法（试行）》《关于做好油气管网设施开放相关信息公开工作的通知》等 8 个文件都强调了输配体制改革和地方放开资本引入两个方面，在福建开展门站价格市场化试点，重庆、江苏、上海等市开展天然气体制改革试点，新一轮的油气领域改革将围绕市场化进行各个环节和领域的改革。

在打破垄断、放宽准入机制上，努力提高资源配置的效率和公平性，积极引导社会各方参与能源的各个领域，形成多元市场主体共同参与的局面。2015 年中共中央、国务院发布的《关于进一步深化电力体制改革的若干意见》，其影响和意义非同一般，标志着中国电力领域市场化程度日益走向深水区，其核心内容是电价改革，放开输配以外的电价，市场化的销售电价以及引入社会资本参与价格改革，并建立独立交易机构，充分发挥市场对电力资源的配置作用。鼓励分布式能源通过"自取留用、余电交易或上网"，为多年来一直备受争议的并网问题打开了一个突破口。

2017 年中共中央、国务院印发的《关于深化石油天然气体制改革的若干意见》提出开放油气勘探开采市场，实行勘查区块竞争出让制度和更加严格的区块退出机制，成立国家石油天然气管网集团公司，改革油气管网运营机制，实现管输和销售业务分离，推动油气市场体系规范化和系统化，不断加快国内管网建设步伐，构建全国"一张网"，提升管网运行效率和降低运营成本。

深化"放管服"改革，取消、下放能源领域 64% 的行政审批事项，推行"互联网+政务"服务，能源政务服务"一窗受理"，能源监管服务体系逐步完善，能源治理方式初步实现向战略、规划、政策、标准、监管、服务的重大转变。

在能源革命进程中我国专门制定实施了《能源生产和消费革命战略（2016—2030）》以及相关的系列规划、行动计划等，完善能源领域财政、税收政策，全面实施资源税从价计征，提高消费税，引导市场规范化开发能源市场，构建绿色金融激励体系，搭建能源交易和碳排放交易市场。

不断完善能源法律体系。根据《中华人民共和国国民经济和社会发展第十三个五年规划纲要》编制了《"十三五"能源规划》；按照时间节点稳步推进一批能源领域的重大法规的建立和修订工作；如《中华人民共和国能源法》《中华人民共和国煤炭法》《核电管理条例》《中华人民共和国对外合作开采陆上石油资源条例》等，在电力领域已经出台了《中华人民共和国电力法》及《电力供应与使用条例》。

五、国际能源合作全方位拓展

进入 21 世纪以来，不断变化的世界政治经济新格局对国际能源形势产生了重要影响。通过多边合作以应对国际能源形势的新特点和新变化，进而有效保障国家能源安全，已成为新时期中国能源安全战略的必然选择。

1993 年，中国首次成为石油净进口国，至今已有 100 多个国际油气合作项目，遍布 33 个国家，建成了五大国际油气合作区，包括中亚、中东、非洲、美洲和亚太。近年来，中国能源企业"走出去"节奏明显加快，再加上对"两个市场、两种资源"的充分利用，成效显著，如新兴的新能源加大在海外投资布局；油气、电力企业大举进行海外并购；高调"走出去"的核电已成为国家新名片。2019 年中国等 30 个国家共同建立了"一带一路"能源合作伙伴关系。在"一带一路"倡议下，中国积极推进绿色丝绸之路建设，推动全球能源绿色低碳转型，在几内亚卡雷塔水电项目、阿联酋迪拜光热光伏发电项目中加强国际合作，加速全球能源转型。中俄、中国—中亚、中缅等一批标志性能源项目落成，加强了我国与其他国家（地区）能源基础设施的互联互通。

国家能源局早在 2015 年便提出拟定《推动共建丝绸之路经济带和 21 世纪海上丝绸之路的能源合作愿景与行动》（简称《能源合作愿景与行动》）。2016 年 12 月联合国环境署和中国环境保护部（现生态环境部），双方签署了《关于建设绿色"一带一路"的谅解备忘录》，组建了绿色"一带一路"国际研究小组，探讨"一带一路"对于共建国家实现可持续发展带来的机遇和挑战，并提出相应对策，带动更多国际组织和企业参与这一能源合作组织。这项举措得到共建国家尤其是共建国家企业的支持，其中来自我国的中国节能环保集团、招商局集团、三峡集团及晶科能源等都表示将共同参与联盟沿线建设。

2017 年 2 月，国家能源局印发的《2017 年能源工作指导意见》在能源国际合作方面提出了新的要求。加强与联合国、二十国集团、亚太经合组织、国际能源署、国际能源论坛、国际可再生能源署、能源宪章等国际能源组织的合作，促进能源政策信息、人力资源等国际交流；推动实施中国与东盟、阿盟、非盟、中东欧等区域能源合作平台建设，推动成立中国—阿盟清洁能源培训中心和中国—中东欧（"16+1"合作）能源项目对话与合作中心等为 18 个国家提供清洁能源利用、能效等领域培训。2017 年 4 月环境保护部（现生态环境部）、外交部、国家发改委、商务部联合发布《关于推进绿色"一带一路"建设的指导意见》，随后为高效落实指导意见，将路线图转化为建设施工图，环境保护部

（现生态环境部）2017 年 5 月 11 日发布了《"一带一路"生态环境保护合作规划》，明确了到 2030 年的具体行动计划，5 月 12 日国家能源局正式发布《能源合作愿景与行动》。紧随其后的 2017 年 5 月 14 日 "一带一路"国际合作峰会在北京召开，习近平总书记提出："我们将设立生态环保大数据服务平台，倡议建立'一带一路'绿色发展国际联盟，并为相关国家应对气候变化提供援助。"[①]

第三节　能源革命实施的挑战

　　2017 年 6 月 9 日，中国工程院正式启动重大咨询项目"推动能源生产和消费革命战略研究（一期）"成果发布。结果显示：中国能源发展成就显著，但也遇到一些困难和问题。环境生态压力加大，碳排放问题突出；能源消费总量持续增加，能源利用效率低下；世界能源竞争加剧；能源体制机制建设滞后；能源安全形势严峻。破解能源可持续发展难题必须加快推进能源革命。遵循节约、清洁、安全的能源战略方针，力争用 20 至 30 年的时间构建起"需求合理化、开发绿色化、供应多元化、调配智能化、利用高效化"的新型能源体系。能源发展将经历能源结构优化期、能源领域变革期、能源革命定型期三大阶段，中国能源消费总量拐点将出现在 2030—2050 年间。项目负责人、研究报告作者代表谢克昌院士表示，推动能源革命必须解决六个重大问题：能源开发利用与生态环境协调发展问题，能源消费总量控制问题，能源供给结构优化问题，能源科技在第三次工业革命中的创新发展问题，能源体

---

① 习近平. 携手推进"一带一路"建设：在"一带一路"国际合作高峰论坛开幕式上的演讲 [EB/OL]. 新华网，2017-05-14.

制机制保障问题，世界能源版图变化中中国能源发展的抉择问题。[①]

一、能源消费总量得到控制，但产能依然过剩

我国能源消费总量增长幅度虽然逐步降低，但消费总量依然保持上升趋势，并未扭转消费总量高居不下的总体形势，总量控制方面还存在一定差距。传统能源消费尤其以煤炭为主的消费结构并未打破，消费结构性问题较为突出。与之对应的是煤炭领域产能严重过剩引发供求关系失衡。长期来看，煤炭供给过剩将持续很长一段时间，煤炭"去产能"仍将是未来一段时间中国能源革命中的一项重要任务。在中国原油市场也普遍存在一次加工能力过剩，产能利用率低下，高品质油品生产能力不足的状况。从全国的角度看，电力市场发展不平衡，错配现象严重，部分地区电力供需过剩的现象也逐渐显现。

二、可再生能源发展矛盾依旧突出

可再生能源的发展被视为能源结构调整和能源转型的重要方式。近几年在政府强力推动下取得飞速发展，但市场自身调节作用受限较多。首先，可再生能源支持政策尚未完全有效落实，以传统能源为主的电力系统和新能源发电之间出现了利益博弈，并且市场价格机制不够完善，技术发展存在障碍，可再生能源并网协调发展推行缓慢，部分区域出现弃风、弃光等现象。2016 年我国西部地区弃光率达 20%，甘肃、新疆、吉林、内蒙古地区的弃风率分别为 43%、38%、30%、21%。这凸显出可再生能源利用效率低下，地方政府和企业更多偏好于可再生能源设施建设，其效用并未得到充分利用，这不免出现了一边大力支持发展可再

---

① 中国工程院重大咨询项目"推动能源生产和消费革命战略研究（一期）"成果发布会暨出版物首发仪式在京召开 [EB/OL]. 中国工程院，2017-06-15.

生能源，装机容量年年攀升，一边出现放弃开发、设法消纳的矛盾局面。其次，可再生能源对政策依赖度较高，政府对新能源领域补贴强度和幅度较大，可再生能源发展与政策依赖性严重影响其有效持续健康发展，风电、光伏、生物质能需要通过市场自发竞争机制降低发电成本。①

三、能源技术进步仍不足以支撑能源革命

近年来，我国能源技术水平得到显著提升，有些关键设备和关键技术达到国际先进水平。但在部分领域能源技术引进和改良国外技术成果较多，与中国能源发展规律相适应的原创性成果匮乏，在一些关键领域和关键技术装备上需从国外进口，对外技术依赖性并未完全扭转。此外，技术创新模式和创新体系还要不断摸索，需突破创新技术产业化、规模化发展瓶颈，将能源技术真正为能源革命服务，体现能源技术的经济和动力属性。能源技术在促进我国能源转型、改善能源利用结构和能源利用效率上还有很大差距。整体来讲，能源技术的进步还不足以支撑能源革命的实现。

四、体制机制创新亟须完善

体制机制改革重点在于确立能源商品属性。目前，我国能源使用存在垄断性特征，传统意识观念未完全解放，行政手段干预价格、交易、投资等现象仍然存在。能源体制机制改革涉及我国政府各个部门及行业，关系错综复杂。在制定相关政策时在税收、财政、环境等方面的衔接和协调还不够，能源市场体系建设还存在一定问题，没有充分发挥市

---

① 弃风弃光日臻凸显　可再生能源仍待打通"肠梗阻"［EB/OL］. 中国环保在线，2017-03-29.

场的资源配置作用。尤其在能源定价方面，制度相对落后并未形成体系，补贴机制落后不能适应市场经济发展，科学、全面、具有灵活性的价格调节机制尚需完善。如在电力体制改革进行过程中，由于电力市场供大于求，面临"普遍降价"的尴尬，但当电力成本上升时有些地方政府又采取干预措施。此外，由于电力领域之前的垄断地位，内部各部门之前存在利益纠葛，阻碍电改顺利进行。虽然在《关于进一步深化电力体制改革的若干意见》中强调了监管的作用，但是在实施过程中由于监管力量和电力领域法律的薄弱，"强化监管"在有些地区成为空谈。

五、能源结构与生态文明要求仍存在很大差距

非常规的油气资源、可再生能源，现在正在改变全球的能源格局和能源来源，而中国能源结构还处于煤炭阶段。随着中国转换经济发展模式和加紧生态文明建设，第十三个五年规划将着力调整国家能源结构。我国的能源结构调整主要指煤炭的清洁替代。我国具有"富煤缺油少气"的资源特征，目前能源结构以煤为主有其发展的必然性和合理性。经济快速增长需要能源快速增长，迫使煤炭利用大幅度增长。随着中国经济增长减速，能源需求相对减弱，能源供给相对宽松，可以用清洁能源填补能源增量，能源结构调整和"去煤化"条件基本具备。

《能源发展战略行动计划（2014—2020 年）》指出政府将会控制煤炭消耗量，稳定石油和天然气的使用，提高风能和太阳能的利用率，并加速能源定价改革，以支持能源结构转型。提出发展清洁能源，国家能源局发布的《中国天然气发展报告（2024）》显示，2023 年，全国天然气在一次能源消费总量中占比 8.5%，预计 2024 年我国天然气市场持续复苏向好，天然气年消费量将首超 4000 亿立方米。目前可再生能源

的替代也已拥有较强的制造产业体系。产业化、规模化的核电、风电、光伏等清洁能源都已在应用，并且成本在逐步降低。

但是，能源结构调整并非易事，离实现生态文明建设的要求还任重道远。其调整速度很大程度上取决于未来能源增长速度。《中国矿产资源报告2022》指出，2021年煤炭消费占一次能源消费总量的比重为56.0%，石油占18.5%，天然气占8.9%，水电、核电、风电等非化石能源占16.6%。鉴于我国的能源安全和能源禀赋，在相当长时间内石油和水电在能源消费总量中的占比将保持稳定。能源结构调整特点将会是煤炭消费减少、能源天然气以及清洁能源如核电、风电、太阳能等消费增加。国家发展改革委、国家能源局印发的《"十四五"现代能源体系规划》提出，到2025年非化石能源发电量比重达到39%左右，非化石能源消费比重在2030年达到25%的基础上进一步大幅提高，可再生能源发电成为主体电源，新型电力系统建设取得实质性成效。我国能源结构调整将会出现煤炭大规模替代和清洁能源发展此消彼长。

《国家电网有限公司关于"一体四翼"发展的指导意见》指出，到2025年，非化石能源与一次能源消费比重达到20%，电能占终端能源消费比重达到30%。但是，由于经济增长速度减缓，能源消耗减少，要实现可再生能源消费的宏伟目标困难重重。中国正在经历经济深刻转型，转型期的长短决定是否延续对能源的弱势需求。我国依然处于城市化进程中，中小城市、乡镇、农村的基础设施建设依然存在巨大发展空间。能源与GDP之间的不协调不可能持续，能源需求还将回升。《中国2030年前碳达峰研究报告》显示，到2030年，我国经济年均增速预计5%左右，能源需求预计年均增速2%左右；工业化和城镇化快速发展，第二产业增加值占比39%，高耗能产业占比仍然较高。传统增长模式产生大量碳排放"去煤化"的速度或将减缓。

六、基于库兹涅茨曲线区域环境评价

环境库兹涅茨曲线是研究经济增长与环境质量间的经验性变化关系的工具，构建基于中国区域面板数据的环境库兹涅茨曲线及方程，更有利于观察与分析每个省（自治区、直辖市）及典型区域相邻省份经济发展与环境质量间的关系，对促进地区产业结构转型升级、统筹区域协调发展、完善区域生态一体化机制设计具有重要的意义。我们试图通过库兹涅茨曲线说明中国在能源革命之后，经济发展与环境质量之间的关系，试图证明通过能源革命是可以跨越经济发展与环境保护之间的"卡夫丁峡谷"。

（一）数据选取

1. 人均二氧化硫排放量

本评价采取的省际二氧化硫（SO_2）排放量及省际人口数来自《中国统计年鉴》，时间跨度为 2000—2015 年。人均二氧化硫排放量（千克/人）由《中国统计年鉴》上的每个省二氧化硫总排放量除以当期每个省人口数，表示每个省二氧化硫排放强度，以代表反映每个省的污染状况。共选取了 28 个省的数据，剔除了人口相对较少的西藏、新疆、青海以及港澳台地区。

2. 人均 GDP

人均 GDP 由《中国统计年鉴》上的每个省 GDP 总量除以当期每个省人口数，以代表每个省的经济发展状况。样本容量为 28，剔除了人口相对较少的西藏、新疆、青海及港澳台地区，时间跨度为 2000—2015 年，数据同样来自《中国统计年鉴》。

（二）环境库兹涅茨曲线模型设定

参考国内外文献对环境库兹涅茨曲线的实证研究，本评价采取二氧

化硫排放环境库兹涅茨曲线对数方程：

$$LNRSO_{2it} = \alpha + \beta_1 LNRGDP_{it} + \beta_2 (LNRGDP_{it})^2 + \mu \qquad (1)$$

其中，$i = 1$，2，3…28，表示有28个省，$t = 1$，2，3…16，表示时间为16年，LN（RSO_{2it}）代表第 t 年 i 省的人均二氧化硫的对数，LN（$RGDP_{it}$）代表第 t 年 i 省的人均 GDP 的对数，α 为常数项，μ 为随机误差项。当 $\alpha = \beta_1 = \beta_2 = 0$ 时，环境库兹涅茨曲线无显著特征；当 $\beta_1 \neq 0$，$\beta_2 = 0$，环境库兹涅茨曲线为线性方程；当 $\beta_2 > 0$，环境库兹涅茨曲线呈"U"型曲线特征；当 $\beta_2 < 0$，环境库兹涅茨曲线呈倒"U"型曲线特征。

（三）面板模型识别与实证检验

环境库兹涅茨曲线具有时间序列和截面两个维度特征，在时间序列中，不同省份的经济发展与环境污染的关系在不断变化。通过构建面板模型，具体反映人均 GDP 与人均二氧化硫在截面与时间二维上的演化规律，控制个体差异与内生性问题。通常首先对解释变量及被解释变量进行单变量单位根检验，避免出现"虚假回归"，在相同根情况下采取LLC 检验，在不同根情况下选择 IPS 检验；其次，进行面板协整检验，以确定变量之间是否存在长期稳定的均衡关系，主要采用的是 Pedroni、Kao、Johansen 的方法；最后，选用 Hausman 检验确定应该建立随机效应模型还是固定效应模型并输出模型结果。操作软件为 Eviews7.2 和Stata13。

1. 单位根检验

对人均二氧化硫排放量的对数、人均 GDP 对数及人均 GDP 对数的平方进行单位根检验，具体检验结果如表4-4所示。检验结果显示，LN（RSO_{2it}）在水平检验下平稳，LN（$RGDP_{it}$）、LN（$RGDP_{it}$）^{2} 在水平检验时，在不同单位根 IPS 检验下存在单位根，故作一阶差分后再检验，变量平稳。

表4-4 面板单位根检验结果

水平检验	LLC	IPS
LN（RSO_{2it}）	-4.86522 （0.0000）**	-2.13058 （0.0166）**
LN（$RGDP_{it}$）	-7.63533 （0.0000）**	1.06222 （0.8559）**
LN（$RGDP_{it}$）^{2}	-5.53962 （0.0000）**	2.95702 （0.9984）**
一阶差分检验	LLC	IPS
LN（$RGDP_{it}$）	-3.97322 （0.0000）**	-3.14594 （0.0008）**
LN（$RGDP_{it}$）^{2}	-4.68001 （0.0000）**	-3.85628 （0.0001）**

注：** 代表5%显著水平

2. 协整检验

在变量不同阶平稳的情况下，需要对环境库兹涅茨曲线做协整检验，结果如表4-5。在 Pedroni、Kao 及 Fisher 的检验下，8 种检验统计量均拒绝原假设，因此可以认为人均二氧化硫排放量与人均 GDP 之间在1%显著水平下存在长期稳定关系，可对环境库兹涅茨曲线方程做模型选择检验。

表4-5 面板协整检验结果

检验方法	检验统计量	P 值	
Pedroni	Panel PP-Statis tic	-3.536401	（0.0002）
	Panel ADF-Statistic	-5.439513	（0.0002）
	Group PP-Statistic	-3.200255	（0.0007）
	Group ADF-Statistic	-5.390199	（0.0000）
Kao	ADF	-2.473632	（0.0067）

检验方法	检验统计量	P 值	
Fisher	None	388.0	(0.0000)
	At most 1	167.4	(0.0000)
	At most 2	161.0	(0.0000)

3. 模型选择及结果输出

对环境库兹涅茨曲线估计方程做 Hausman 检验，估计结果 P = 0.4947>0.05，检验不能拒绝原假设，故采用个体随机效应模型，结果如表4-6所示。

表4-6 三种模型效应结果

	(1)	(2)	(3)
	人均SO$_2$	人均SO$_2$	人均SO$_2$
人均GDP	2.192** (3.03)	3.130*** (11.65)	3.121*** (11.64)
人均GDP二次方	-0.111** (-3.06)	-0.157*** (-11.58)	-0.157*** (-11.56)
Constant	-8.015* (-2.24)	-12.78*** (-9.64)	-12.74*** (-9.59)
Observations	448	448	448
AdjustedR^2	0.017	0.194	—
模型类型	混合效应	固定效应	随机效应

括号中的 T 统计量 * $p < 0.05$，** $p < 0.01$，*** $p < 0.001$
* $p < 0.05$，** $p < 0.01$，*** $p < 0.001$

三种效应模型统计量均通过 t 检验，但根据 Hausman 检验选择个体随机效应模型，可知人均 GDP 和人均二氧化硫排放量与环境库兹涅茨曲线相吻合，即呈倒"U"型曲线特征，方程结果及图形如式（2）和图4-9所示。

$$LNRSO_{2it} = -12.74 + 3.121LNRGDP_{it} - 0.157 (LNRGDP_{it})^2$$

$$(-9.59) \qquad (11.64) \qquad (-11.56) \qquad (2)$$

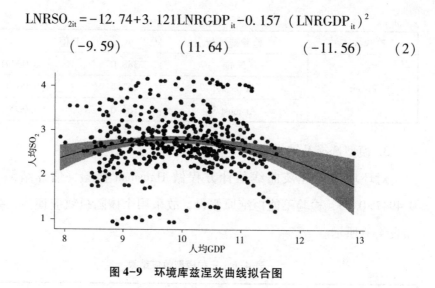

图4-9 环境库兹涅茨曲线拟合图

（四）环境库兹涅茨曲线模型拟合检验

为更直观分析全国不同地区的经济发展和污染物排放之间的关系，本研究比较人均二氧化硫排放量实际值与环境库兹涅茨曲线拟合值，来判断典型省份每年坐标点与环境库兹涅茨曲线的位置关系，以及观察在样本期间（2000—2015年）典型省份，人均二氧化硫排放量的变化趋势。从样本数据中选取典型省份辽宁代表东北地区，河北、北京代表华北地区，广东代表华南地区，湖南、江西代表华中地区，安徽、江苏、浙江代表华东地区，陕西代表西北地区，贵州代表西南地区。11个典型省（直辖市）每年人均二氧化硫排放量实际值与环境库兹涅茨曲线拟合值如表4-7所示。

1. 各省之间

由于省际发展存在异质性，经济发展水平、产业结构、能源消费结构、污染治理能力等各不相同，导致每个省的人均二氧化硫排放量实际值与环境库兹涅茨曲线拟合值的关系以及自身依时间序列变化也各有差异，从个体时间序列差异角度出发大致有如下三种分类：

表4-7 典型省份检验结果对照表

地区 年份	变量 (千克/人)	2000年	2003年	2006年	2009年	2012年	2013年	2014年	2015年
辽宁	实际值	2.825298	2.972729	3.383640	3.187207	3.183122	3.152526	3.120198	3.095968
	拟合值	2.753135	2.793225	2.818398	2.779436	2.669105	2.640240	2.622999	2.622227
北京	实际值	2.373548	2.530005	2.397270	1.854228	1.512041	1.414841	1.299199	1.187720
	拟合值	2.816132	2.781084	2.695643	2.613681	2.506641	2.470837	2.444720	2.413618
河北	实际值	2.832348	3.044980	3.108963	2.880325	2.912507	2.863362	2.779724	2.703235
	拟合值	2.651452	2.734464	2.809060	2.815358	2.772926	2.761921	2.756674	2.755337
江苏	实际值	2.745501	2.811535	2.835117	2.621299	2.527713	2.473230	2.430589	2.348530
	拟合值	2.763098	2.809339	2.805273	2.735098	2.606163	2.569078	2.535200	2.504016
安徽	实际值	1.749992	1.998826	2.257389	2.172703	2.160696	2.118003	2.092426	2.055933
	拟合值	2.468186	2.590159	2.728585	2.807743	2.804415	2.792737	2.782625	2.775619
浙江	实际值	2.485346	2.715927	2.829449	2.587225	2.435835	2.378838	2.343843	2.273088
	拟合值	2.784852	2.818006	2.795700	2.737217	2.632819	2.603720	2.581454	2.557105
江西	实际值	1.937883	2.330040	2.681820	2.544011	2.534020	2.512255	2.465192	2.448063
	拟合值	2.475155	2.604420	2.752554	2.811783	2.804388	2.793018	2.781536	2.772279

续表

地区 年份	变量 （千克/人）	2000 年	2003 年	2006 年	2009 年	2012 年	2013 年	2014 年	2015 年
广东	实际值	2.321546	2.484531	2.596654	2.357784	2.020767	1.968229	1.918112	1.832932
	拟合值	2.776888	2.813386	2.805248	2.759360	2.682884	2.657309	2.632308	2.610670
湖南	实际值	2.256259	2.544148	2.689697	2.539066	2.273641	2.260241	2.225470	2.172397
	拟合值	2.525057	2.651324	2.768775	2.818221	2.786677	2.771261	2.755258	2.742789
陕西	实际值	2.721025	3.037939	3.277925	3.071917	3.112722	3.064205	3.029590	2.964128
	拟合值	2.486118	2.626978	2.778190	2.818384	2.763585	2.740936	2.721139	2.717464
贵州	实际值	2.839412	3.531749	3.681399	3.503580	3.397254	3.338103	3.273027	3.184877
	拟合值	2.163602	2.338214	2.585965	2.749317	2.817538	2.817460	2.811293	2.800830

人均二氧化硫排放量实际值在样本期间内始终低于环境库兹涅茨曲线拟合值，即实际坐标点一直处于拟合曲线的下方，主要包括北京、安徽、江西、广东、湖南，表明五省（直辖市）的二氧化硫排放量与自身最优的拟合值之间存在一定的上升空间，经济发展的同时保证了环境的可承载力。安徽、江西与湖南在产业结构上具有相似之处，根据2016年国家统计年鉴显示，2015年三省的第二产业增加值分别占地区国民生产总值的49.70%、50.30%和44.30%，第二产业均为经济发展中的主导产业，第三产业比重不断升高，同时人均二氧化硫排放量也不断下降，说明在以高耗能、高污染为重要特征的第二产业为主导的经济结构中合理处理了经济增长与环境污染的关系，具备了相对高的"环境质量"的经济发展水平；北京与广东在产业结构上具有相似之处，2015年两地的第三产业增加值分别占地区国民生产总值的79.70%和50.60%，第三产业均为经济发展中的主导产业，人均二氧化硫排放量实际值在样本期间内始终低于环境库兹涅茨曲线拟合值，且差值不断放大，说明两地均具备了相当高的"环境质量"的经济发展水平。

人均二氧化硫排放量实际值在样本期间内始终高于环境库兹涅茨曲线拟合值，即实际坐标点一直处于拟合曲线的上方，主要包括辽宁、陕西和贵州，这表明三省的二氧化硫排放量与自身最优的拟合值之间存在一定的下降空间，经济发展的同时对环境造成了极大的压力。从三省的产业结构及人均二氧化硫排放角度看，2015年三省的第二产业增加值分别占地区国民生产总值的45.50%、50.40%和39.5%，第三产业增加值分别占地区国民生产总值的46.20%、40.70%和44.90%，表明辽宁与贵州的第二、三产业比重相差不大，第三产业仍为经济发展的主导产业，陕西则以第二产业为主导。尽管三省产业结构略有不同，但三省人均二氧化硫排放量随经济发展均呈现先上升后下降的趋势，总体处于全国较高水平，这与三省第二产业中的支柱产业具有较大关系。辽宁省以装备制造、石化、冶金和农产品加工为四大支柱产业，陕西省八大工业支柱产业中的能源化工、装备制造、有色金属占到全省规模以上工业的60%以上。贵州作为资源大省已经形成了化工、能源和冶金为主体的重工业体系，三省依赖重工业的发展模式具有资源利用率低、污染排放强度高的特点，在拉动经济增长的同时增加了废弃物排放、加重了环境保护压力，导致人均二氧化硫排放量始终在高位运行，说明三省的经济发展水平具备相对低的"环境质量"。

　　人均二氧化硫排放量实际坐标点在样本期间内围绕环境库兹涅茨拟合曲线波动，于近年低于环境库兹涅茨曲线拟合值，主要包括河北、江苏和浙江，表明三省的二氧化硫排放量与自身最优的拟合值之间活动余量相对狭小，环境现状总体呈向好趋势。河北省人均二氧化硫排放量实际值在2000—2014年高于环境库兹涅茨曲线拟合值，于2015年实现反转，表明河北省经济发展与环境保护之间的关系趋于平衡；江苏省人均二氧化硫排放量实际坐标点在2000—2002年位于环境库兹涅茨拟合曲线之下，2003—2006年人均二氧化硫排放量实际坐标点位于环境库兹涅茨拟合曲线之上，2007年之后再次位于环境库兹涅茨拟合曲线之下；浙江省的人均二氧化硫排放量实际坐标点与环境库兹涅茨拟合曲线的关系与江苏省总体走势相近，均为"低—高—低"形态，2000—2004年人均二氧化硫排放量实际坐标点位于环境库兹涅茨拟合曲线下方，2005—2006年人均二氧化硫排放量实际坐标点位于环境库兹涅茨拟合曲线之上，2007年之后再次位于环境库兹涅茨拟合曲线之下，这表明江苏和浙江两省的经济发展与环境保护之间的关系日趋合理。从产业结构来看，2015年河北、江苏和浙江的第二产业增加值分别占地区国民生产总值的48.30%、45.70%和46.00%，第三产业增加值分别占地区国民生产总值的 40.20%、48.60% 和 49.80%。河北以第二产业为主导，钢铁产业占比较重，废气排放超标，环境污染防范与治理难度较大，受制于京津冀协同发展对大气环境的要求，河北二氧化硫排放趋于合理；而江苏与浙江产业结构较为类似，服务业相对发达，环境压力较小，在产业结构升级与转型之后，获得相对较高的经济发展质量。

2. 不同区域

经济发展与环境污染在不同的区域之间有不同的表现形式，设立北京—河北、江苏—安徽、浙江—江西、广东—湖南四个观察对照组，四对相邻省份在经济发展上具有极大的相关性但又具有差异性，具有区域发展不平衡的属性。分析相邻省份两两之间人均二氧化硫排放量实际值的对比变化，以梳理出一省在经济发展的同时是否对相邻省份环境状况产生影响，是否一省的经济发展以相邻省份的环境污染为代价。四个对照组是我国经济发展中较为典型的区域带动发展的例子。北京—河北属于环渤海经济圈，江苏—安徽、浙江—江西属于长江经济带及长三角经济辐射圈，广东—湖南属于泛珠三角经济圈，各区域限于地理位置、产业结构、能源消耗水平等因素影响，相邻省份在经济共同发展的同时对环境影响变化呈现出了不同的特征。

北京与河北在经济发展与环境保护方面的关系较为明显，北京经济增长影响了河北省的环境污染状况。北京以第三产业为主导，逐步疏解非首都功能，积极调整产业结构，重点转移一般性产业特别是高耗能产业，坚持走集约内涵发展的新路子，本地废气污染物排放量逐年降低，人均二氧化硫排放量在 2000—2015 年下降 50.21%。而河北省以第二产业为主，重点发展钢铁、冶金等重工业产业，对接北京部分高污染产业转移，对环境污染的改善与治理形成了较大压力。河北省人均二氧化硫排放量在 2000—2015 年总体变化微小，下降了 4.59%，在保证经济发展的同时对环境造成了相对稳定的污染量，但鉴于人均二氧化硫排放量常年高于环境库兹涅茨曲线拟合值，河北自身环境承载力变化余量相当有限，更应该注重京津冀协同发展，推进区域生态一体化。

江苏—安徽、浙江—江西和广东—湖南三个对照组在经济发展与环境保护方面的关系特征较为相似，发达省份的经济增长并未对相邻省份造成明显的环境污染。广东、江苏和浙江主要以第三产业为主导，以制造业为主的经济结构逐步转向以服务业为主的经济结构，制造业与服务业融合成为三个经济强省发展的新特点。金融业、特色电商、交通运输仓储及邮政业、信息传输计算机服务业和软件业等新兴业态的崛起，减轻了以往主要依靠机械、冶金、化工等重工业带来的废气排放问题。同时，长三角经济圈和珠三角经济圈具有强大的经济辐射力，带动相邻省份加速完成城镇化和工业化、推进产业升级速度，安徽、江西和湖南的第三产业的比重接近第二产业，基本形成了工业与服务业共同发展的态势，环保型、低碳型的产业结构有利于更加均衡、合理实现经济发展和环境保护之间的关系。长三角和珠三角的区域协同发展模式与京津冀经济圈的"虹吸效应"模式形成了鲜明对比，一省份的经济增长更兼顾相邻省份的经济增长和环境保护，实现区域协调可持续发展。

（五）结论

本评价建立了中国经济增长与环境污染关系的库兹涅茨曲线，并通过选取11个典型省（直辖市）来验证人均二氧化硫排放量实际值，在样本期间内与环境库兹涅茨曲线拟合值大小关系和人均二氧化硫排放量实际坐标点，在样本期间内与环境库兹涅茨拟合曲线的位置关系，以判断典型省（直辖市）在时间序列下经济发展与环境保护之间的关系及区域发展不平衡视角下，相邻省份经济发展与环境保护之间的关系。

结果表明：一方面，在时间序列视角下，选取的11个省（直辖市）除辽宁、安徽、陕西和贵州以外，其余省（直辖市）2000—2015年在实现经济增长的同时，人均二氧化硫排放量总体呈下降趋势，且除辽宁、陕西和贵州以外，人均二氧化硫排放量实际值当期（2015 年）低于环境库兹涅茨曲线拟合值，表明 8 个省（直辖市）基本合理、有效地平衡了经济发展和环境保护的关系；另一方面，在区域发展视角下，以北京—河北为代表的京津冀经济圈，一省的经济发展对相邻省份的环境承载力造成了较大压力，而以江苏—安徽、浙江—江西和广东—湖南为代表的长三角经济圈和珠三角经济圈相邻省份之间更好地实现了经济社会的可持续发展。因此，在发展地方经济和实现区域间经济与环境协调发展的同时，要从自身经济禀赋和区域平衡方面入手。

以上结论从一定程度上说明我国的能源革命或者能源行动起到了一些明显效果，有些区域实现了经济增长与环境保护的"双赢"，跨过了库兹涅茨曲线拐点，这对于我们跨越经济发展与环境保护的"卡夫丁峡谷"充满信心。

上述对提出能源革命以来，政府做了哪些重点工作，对能源革命战略实施效果如何做了简要分析，并加以评价。尤其是基于库兹涅茨曲线分析区域发展过程中能源改善及对经济发展的影响，对我国能源革命做出了定量性的评价，并佐证了能源革命可以跨越经济发展与环境保护之间的"卡夫丁峡谷"。

第五章

国际生态文明建设与能源革命对中国的启示及借鉴

第一节　国际三次能源革命对中国的启示

一、国际三次能源革命历程

对于能源革命的理解，学术界有不同的认识，这主要基于学者对能源革命理解的不同。多数学者认为，在人类历史上，共发生过两次能源革命，我们正处于第三次能源革命的初期。同时，世界也经历了两次工业革命。能源是经济社会发展的基础，能源革命与工业革命往往具有不可分割的联系。

第一次能源革命发生在 18 世纪中期的英国，其标志是煤炭取代了木柴成为能源消费结构的主要构成。第一次能源革命的发生伴随第一次工业革命产生。18 世纪中叶，瓦特发明了蒸汽机，蒸汽机的发明与广泛使用，推动了英国工业的快速发展。第一次工业革命的诞生，奠定了英国经济在 18、19 世纪领先世界的地位。当时的英国乃至世界都是以原始的木材为主要能源，工业化进程的加快使得能源消费急剧增长，木材量不足以满足蒸汽机的运用和大规模工业化生产的需求。同时，蒸汽机的发明也使开采煤炭的规模和效率得到极大提高，反过来煤炭开采量的增加助推了蒸汽机及工业化进程。经过长时间发展，煤炭替代木柴成为该时期最主要的能源。煤炭的使用解放了木柴，解放了农业生产，更多的土地作为农作物生长的基地，加大了粮食供应，促进英国人口、经济结构的重大变化。第一次工业革命的发生催生了第一次能源革命，而第一次能源革命又巩固了第一次工业革命的历史地位。煤炭一跃成为世界主流能源资源。

第二次能源革命始于19世纪末期，以内燃机、发电机的发明和广泛应用为主要标志的第二次工业革命爆发。第二次工业革命使人们利用能源的方式由煤炭走向石油、电能等，而采用石油和电能的内燃机、电动机等工业革命的推动器与第一次以煤炭为主的蒸汽机相比，效率得到提高，高效率淘汰低效率，内燃机和电动机促使世界第二次工业大发展。该时期，石油成为主要能源。与此同时，电能、天然气等开始走入人类的视野。伴随石油的开采与使用，与石油相关的产业也急速发展，航空航天、汽车等产业快速成为工业结构中的重要组成部分。与第一次工业革命不同的是，第二次工业革命促进了农业发展，带动了工业进程，极大地丰富了人类生活、生产的需要。电的发明使用也促使各种电器元件的生产，为信息化产业发展奠定了技术与物质基础。

第一次、第二次工业革命的发生，同时也伴随着第一次、第二次能源革命的发生。前两次工业革命和能源革命使化石能源的消耗达到极致，经过几百年工业化的发展，人类物质生活得到极大丰富，但是随着工业化进程的深入，一些问题便暴露出来，这极大地影响了人类的居住环境和正常生活。例如，几百年工业化进程中污染物排放形成的大气污染和温室气体，煤炭、石油的过度开采造成生态环境恶化，其储存量也在急剧下降并且不可再生。化石能源使用、工业化进程受到前所未有的挑战，并严重威胁人类居住环境。因此，当今世界呼唤新的能源和工业革命。其任务紧迫，取精用宏才能适应新时代的发展。

20世纪中后期，原子能、生物工程技术、电子计算机等新兴技术的兴起带来了人类的第三次工业革命或者说第三次科技革命，可以说在一定程度上这也是人们对前两次工业革命反思的成果。第三次工业革命极大地促进了社会生产力的提高，同时原子能、太阳能等清洁技术的开发使用将开启第三次能源革命，而我国正处于这次革命进程之中。第三次能源革命将以解决人类生存发展与环境保护之间的关系，要突出第三次能源革命低碳、清洁这一特点。第三次能源革命将以新能源的开发使用为基础，有点"能源革命"要革掉传统能源"命"的意味。里夫金认为，第三次能源革命和前两次一样需要技术的支撑，而能源与互联网的融合是本次能源革命的主要特征，其观点已得到世界各国的响应。

二、对中国生态文明和能源革命的启示

我们从三次工业革命和能源革命的历史进程中可以发现，工业革命和能源革命产生的时间是基本吻合的，是一个革命伴随着另一个革命产生的，一个革命反过来又促进了另一个革命的进程与发展。同时，革命进程中最关键的因素是技术的革新与进步。正是由于蒸汽机、内燃机、电动机、信息技术等的出现才促使能源革命成为现实。因此，中国在探索能源革命进程中要时刻注重技术与能源的融合，新技术的出现是能源革命产生的前提和基础。正如第三次能源革命进行的那样，互联网技术和清洁能源技术的出现使其变得更加理所当然。

此外，我们注意到，第三次能源革命的出现是对前两次能源革命或者工业革命的反思，而且上升到全球性的问题，属于全球治理的范畴。

这需要各个国家共同参与这次革命，共同为下一次能源革命的早日实现和常态化做出努力，尤其是在能源技术上需要加强合作和协同。第三次能源革命是全人类的事情，全球的事情，需要协同协作，共同在技术上取得突破，仅从市场角度按正常发展逻辑还需更长的时间，更重要的是要得到外部干预和支持，需要世界各国政府共同推动，实现技术合作，这是本次能源革命最大的动力基础。

第二节　国际生态文明建设与能源革命经验与借鉴

一、发达国家和地区生态文明历程和能源革命经验

20 世纪 60 年代以来，环境污染、生态破坏、生态危机等严重威胁着发达国家，因此，世界上许多国家已经意识到工业化进程对本国产生的不利影响，已经着手解决后工业化时代的能源使用问题，在本国或本地区内纷纷进行了能源转型与变革。发达国家在生态文明建设和能源革命方面开展了长期持久的工作，成效显著，经验可鉴，如生态法律制度体系、经济政策、循环低碳绿色经济模式、生态保护意识培养、夯实公众素质基础、产业结构升级等。

我们梳理选取典型发达国家范例，研究范例共性，以期为中国生态文明建设和能源革命提供借鉴。

（一）美国

美国是最早介入能源转型和变革的国家之一。其能源变革要追溯到 20 世纪 90 年代。1991 年美国制定了《国家能源战略》，其主要目的是保障美国海外的石油供应能够保证国内经济的发展，并提出要解决能源

的环境问题，可以说美国较早地关注到了能源产生的一些污染问题并及时进行了战略性对策制定。1998 年对该战略进行了调整，其中补充的是关注能源新技术的发展并寻求全球合作，试图在新能源上取得领先地位。20 世纪 90 年代的美国能源战略主要关注点在于能源安全、环境治理和新技术上。

进入 21 世纪后，美国提出了新的能源政策，发布了《面向美国未来的可靠、经济和环保的充实能源的报告》。该报告强调美国应关注未来能源发展过程中出现的新问题，如环境污染、能源短缺等。因此，美国能源战略开始关注能源效率的提高以及对能源基础设施的改造。美国政府充分认识到保证经济的发展必须依赖于能源，但能源造成的环境问题也必须改变。环保技术开发得到政策鼓励与支持，以新能源为代表的清洁能源受到政府的重视。美国政府俨然要解决经济发展和环境保护之间的矛盾关系，新技术和新能源的开发与利用是美国当时的一个有效解决方式。[①] 美国能源部于 2003 年制定了《能源部战略计划》（以下简称《计划》），该《计划》描述了未来 25 年美国能源的四大战略目标和核心任务规划。其中四大战略目标分为防务、能源、科学和环境。美国能源规划特别注重国家能源和经济安全，需要强调的是这四大战略目标中包含了对核能源的使用和处理，无论是作为动力能源还是对核废料的处置都做了详细说明。该《计划》还强调了开发和使用科学技术促进能源效率提高和清洁能源使用来保护自然环境、维护国家能源安全。[②]

21 世纪以来，国际能源需求旺盛，世界经济高速发展，各国对石油等战略性能源的使用逐步上升，国际油价在 2003 年开始也逐步上升。作为世界第一大经济体，石油等能源消耗和安全对美国来说其重要性不

---

① 潘旭明. 美国"能源独立"的影响及对我国的启示 [J]. 理论视野，2014（12）：60-63

② 雪峰. 美国能源部未来 25 年战略计划 [J]. 全球科技经济瞭望，2004（8）：10-14.

言而喻，这也是美国政府数次制定能源政策都十分关注能源安全，保障石油等能源供应的根本所在。但 2005 年，时任美国总统布什签署了《2005 美国能源政策法案》（以下简称《法案》），该《法案》不同以往的地方是强调加强国内能源供给，降低国际能源的依存度，同时提倡节约能源。这是美国能源政策的重大转折和改变。也正因如此，美国页岩气技术在此期间得到释放，页岩气革命率先在美国发生，水平井技术在 2003 年趋于成熟，2006 年分段压裂与水平井综合技术实现突破，页岩气在美国得到极大的发展。也正是页岩气的开发使用改善了美国的能源结构和能源供给状况，美国一跃超过俄罗斯成为天然气开发量最多的国家，美国也从能源进口国转变为能源出口国。这不仅改变了美国依靠外来能源的历史，也极大地巩固了国内能源安全。《2005 美国能源政策法案》中也特别指出发展新能源来解决当前环境污染问题，其中规定从 2005 年起，美国开始实施光伏投资税减免政策，鼓励居民和企业安装分布式能源，并实现收益免税，额度控制在安装成本的30%。此后又规定商用光伏项目减税延长 8 年，住宅光伏投资税减免延长 2 年，取消居民 2000 美元的光伏减税项目上限。此《法案》也标志着美国在新能源利用和支持方面拉开新的序幕，美国国内能源大变革即将到来。2007年美国国会通过了《美国能源独立与安全法》，其中重点描述了未来能源注重节能增效、新能源开发、应对气候变化以及智能电网四大方向，规定到 2025 年清洁能源的投资规模达 2900 亿美元，这标志着美国正朝着能源独立的方向坚定不移地迈进。从战略上讲，这意味着美国逐步削弱以石油为主的能源体系转而进行新的能源布局，引领世界能源格局变化，从而通过能源引领新的世界经济秩序。[①]

受 2008 年国际金融危机的影响，美国急切希望寻找新的经济增长

---

① 王北星．美国的能源战略及其启示 [J]．中外能源，2010，15（6）：12-17.

点来恢复美国经济，奥巴马政府发起了清洁能源计划。这是对《美国能源独立与安全法》贯彻实施的重要措施，也是美国 21 世纪以来洞察未来世界发展模式——低碳经济的具体体现，这是其希望能够通过清洁能源计划继续引领世界经济的潮流，在传统化石能源饱受诟病的条件下抢占能源制高点，保持经济和技术中的世界领先地位的具体战略转型。随后《2009 年复苏与再投资法》通过，计划三年内实现美国的可再生能源产量倍增，其中在清洁能源技术开发与利用领域计划投资近 1500 亿美元，2025 年实现风能和太阳能发电量占总发电量的 25%。

2011 年 5 月 10 日美国能源部发布了《2011 能源战略规划》（以下简称《规划》）指出，通过科技创新解决能源、环境以及核能安全等方面带来的挑战。本次《规划》特别提出了建立可操作的、灵活的工作机制，整合各方资源最大化实现美国能源使命。[1] 2014 年美国白宫发布《全方位能源战略——实现可持续经济增长的途径》，开篇即提出了将促进经济增长和创造就业、增强能源安全、发展低碳技术、为清洁能源发展打下基础作为长远的战略目标，能源安全作为当下的策略部署，根本目标是夯实美国的清洁能源领导力和领先世界的行动基础。美国希望未来降低石油的进口份额走能源多元化的发展道路，减少石油价格波动对国内经济的影响，依靠天然气尤其是页岩气的发展作为过渡，最终实现可再生能源在能源结构中的绝对比例。

（二）日本

日本是一个国土面积较小的国家，国内能源资源匮乏，要支撑起国内经济的稳定发展，能源资源从别国进口是最重要的方式。早在 20 世纪 70 年代，日本能源战略就侧重于保证国内能源安全、保持经济增长

---

① 张起花，刘彧. 能源独立的"清洁"版本：美国《2011 年战略规划》解读［J］. 中国石油石化，2011（12）：56-57.

和环境保护三个主要目标。在保证能源安全方面，两次石油危机使日本政府意识到石油资源供给不足从而导致能源紧缺，开始逐步减少对石油的依赖，以降低石油在一次能源中的比例为主要方向。《2030 年日本能源供需展望》报告中指出，日本计划在 2030 年降低石油依存度至 40% 左右；减少石油依赖的同时扩大天然气的使用比例，尤其是日本 3·11 大地震之后，液化天然气的使用快速提升，日本政府天然气使用目标是到 2030 年占一次能源比例的 18%。[①] 虽然煤炭的使用会产生大量 CO_2，造成环境破坏，但是日本也不会放弃对煤炭的进口使用和储备，即使是在当前日本煤炭全部依赖进口的条件下，这与日本政府倡导的能源多元化的方向相悖。日本在进口煤炭的同时注重对煤炭使用技术的改造升级，减少污染气体排放。核能由于其污染小、价格低等特点，加上日本四面环海可以大大满足核电站对水资源的需求，其一直是日本主要发展和力推的能源。日本是世界上仅次于美国、法国的第三大核能消费大国。核能一直是日本政府极力推行的重要能源，也是提高日本自给率的主要方式。2005 年的《中长期能源战略》、2006 年的《新国家能源战略》以及 2007 年的《能源基本计划》中都提到了要大力发展核电事业。但是 3·11 地震后，核电站全部停机，这对一直致力于能源自给率提高，促进节能减排、低碳发展的日本是个不小的冲击。[②] 在新能源方面，日本政府早在 1974 年就决定实施"阳光计划"——将太阳能和燃料电池作为国家的能源战略。此后 1978 年提出了"月光计划"——开发尖端节能技术，促使企业节能合理化、标准化和国际化合作等。1993年日本实施"新阳光计划"——支持开发新能源技术，实现经济增长、

---

① 王锐，刘霞. 新世纪日本能源安全战略及其启示 [J]. 经济经纬，2007（6）：41- 44.

② 刘小丽. 日本新国家能源战略及对我国的启示 [J]. 中国能源，2006（11）：18- 22.

环境保护和能源供应之间的平衡。①

如果日本不发生大地震，日本的主要能源发展方向将会以核电和可再生能源的崛起而减少对石油等化石能源的依赖，促进经济增长、环境保护及能源安全。但是 2013 年的大地震引发的福岛核电站泄漏事件，让日本重新审视之前的能源战略，备受瞩目的核电本来要在 2030 年能源比例中占到 24%，现在却戛然而止，计划建立新的核电站也被迫废止。以福岛事故为节点，日本需要重新制定新的能源战略部署。

2014 年 4 月日本出台了《能源基本计划》（以下简称《计划》），这也是大地震之后日本出台的新的能源计划，是对日本未来能源战略的新调整。日本并未放弃核能，而是将核能定位成"重要的基础电源"，之后日本核能的审批必须经过"核能规划委员会"的同意，并且更加注重能源基础设施的建造和使用安全。"压缩但不放弃"是本次《计划》对核电的发展方向，2030 年核电比例控制在 20%~22%。同时，日本政府提出要发展可再生能源和实施节能措施，提高火力发电站的使用效率等减少电力对核能的依赖程度，到 2030 年把每千瓦电力销量对应的排放量较 2013 年消减 35%。② 2015 年日本发布《日本 2023 年温室气体减排目标》明确敲定了 2020—2030 年日本温室气体排放目标，到 2030 年温室气体排放比 2013 年减少 26%，降低火力发电的电力供应占总目标的 21.9%，减少氟利昂的使用以及增加森林面积等措施来提高对 CO_2 的吸收。③

2016 年日本经济产业省发布了《能源革新战略》，其中提出了两个

---

① 朱真.《"阳光计划"与"月光计划"——面向二十一世纪的日本新能源战略 [J]. 计划经济研究，1985（4）：19-22.
② 张宪昌.《文明演进视阈下的中国能源革命 [J]. 中共云南省委党校学报，2016, 17（3）：39-43.
③ 日本能源环境技术创新战略 2050 [EB/OL]. 北极星电力新闻网，2016-06-13.

主要目标：一是通过能源供给改革，加大能源领域投资，实现 2030 年能源结构的优化；二是通过能源投资加大对节能环保产业的支持力度，提高能源效率，降低温室气体排放，重申至 2030 年年底实现温室气体排放较 2013 年年底降低 26%的目标。《能源革新战略》主要围绕节能、可再生能源发展以及能源供给三个方面，注重通过改革平衡经济发展与全球变暖问题，并决定实施节能标准义务化、新能源固定上网电价、物联网技术等战略。尤其在节能方面，提倡家庭、工业、交通三方面使用节能电器，实现节能产业化，并建立节能评价制度对企业进行评价。重点推进光伏等新能源品种项目，实施"领跑者制度"，实现可再生能源比例达到 22%～24%的目标，并鼓励推广新能源汽车项目减少温室气体排放。能源供给方面推动电力市场自由化，构建"节余电力交易市场"和"虚拟电厂"，加大削减燃煤电厂的 CO_2 排放量。构筑新能源社会，尝试通过加大氢气发电比例，大规模发展氢气供给系统，普及氢能利用，构建零碳元素的氢气供给系统。[①]

（三）欧盟

欧盟从成立之初就经历过三次能源改革方案制定以及数次的能源战略调整。欧盟第一次能源改革方案的提出始于 20 世纪 90 年代中后期，这一方案的主要目的是开放能源市场，使欧盟成员国在能源领域进行自由化贸易，通过市场开放逐步放开电力和天然气市场，提高欧盟国家经济竞争力以及提高欧盟成员国能源部门的效率。出台的主要政策包括加大天然气、电力领域技术设施建设，对于用电大户和配电公司引入第三方准入权，分类监管和运营功能等。为进一步加强天然气和电力市场的竞争力和扩大贸易范围，欧盟从 2003 年开始了第二次能源改革，此次

---

① 徐瑶，董玥涵．日本发布能源革新战略将重新制定可再生能源上网电价政策［EB/OL］．中国电力报-中电新闻网，2016-03-14．

能源天然气和电力改革明确了时间表，加速了欧盟成员国一体化进程。出台的主要政策包括建立独立的监管机构，进一步加强网络准入权力，进一步加强对网络运营商的拆分需求等。经历过两次能源改革，欧盟能源市场取得了一定进步，能源竞争力也逐步加强，但是仍然存在一些障碍，如市场一体化不尽如人意，市场集中度过大等。2007 年欧盟提出了新的能源改革方案，为欧盟第三次能源改革拉开了序幕。本次改革提出实施可持续发展战略，坚持能源使用与环境保护协调发展的原则，提出了三个 20% 的目标，即 2020 年温室气体比 1990 年减少 20%；能效提高 20%；可再生能源消费比例提升至 20%。此外，第三次能源改革提到欧盟能源供应安全问题。欧盟国家历来对能源的对外依存度较高，尤其是对俄罗斯天然气、沙特石油等依赖较强，但俄罗斯与欧洲国家以及中东地区的关系不稳定，这势必让欧盟国家建立统一的战略合作协议，保证各成员国之间的能源供应安全，提高国内能源储备，发展多元化的能源供应体系。第三次能源改革的核心内容是所有权的拆分——天然气和电力部门输送与生产之间的分离。促进能源生产企业之间的竞争，避免形成市场垄断。通过所有权分离可以实现天然气、电力市场更多的基础投资，降低消费者能源支出，提升欧盟成员之间的效益。此外，还着力构建区域内统一的能源监管合作机构，加强跨境管理，保证能源改革的顺利进行。[①]

在低碳减排方面，欧盟早在 2005 年就提出了碳排放交易机制，2006 年制定了《能源战略绿皮书》，提出要致力于发展可再生能源技术和低碳能源基础，保证能源的可持续利用。2008 年通过《气候行动和可再生能源一揽子计划》，鼓励可再生能源规模化发展。同年，欧盟通

---

① 程荃. 欧盟第三次能源改革方案及其对中国的启示 [J]. 暨南学报（哲学社会科学版），2011, 33 (5)：92-97, 162-163.

过了能源技术发展规划，提出推进风能、太阳能、生物技术等可再生能源技术研究，使欧洲经济立足于"低碳能源"的基础之上。2009 年提出《欧盟可再生能源指令》，主要发展低碳环保领域，提高能源利用效率以及发展清洁能源、新能源汽车产业和绿色建筑等。除此之外，还特别注重能源法制化建设，鼓励新材料、新技术发展新兴产业，带动欧盟能源经济转型。2010 年 6 月欧盟通过了《欧盟 2020 战略》，其中承诺到 2050 年碳排放量相比 1990 年降低 80%~95%，通过能源基础设施更新降低能源供应风险，适应能源结构变化，巩固欧盟在国际技术市场的地位。此外还强调了能源安全、投入十亿欧元进行低碳能源技术创新和加强与新兴国家开展能源技术合作，增强国际交流等方面。[1] 2011 年发布了《欧盟 2050 低碳经济路线图》，要求到 2050 年可再生能源占比相对 2007 年目标再次提升到 55%以上，到 2050 年能源消费中新能源比例提升至 75%，电力能源中 97%来自新能源，1/3 来自核能。[2] 2015 年欧盟签署《巴黎气候协议》，承诺在 2030 年前减少能源使用 30%，减少二氧化碳排放 40%，可再生能源占 27%，50%来自电力供应，并推进智能建筑、智能金融计划，2020 年募集 100 亿欧元进行建筑节能改造，2030 年之前投入 1200 亿欧元。[3]

二、发达国家生态文明历程和能源革命借鉴

在全球能源转型背景下，中国这一轮能源革命，需借鉴国际经验，但应注意结合自身国情，并通过多边国际合作机制，谋求在全球能源治

[1] 张小军，马莉，郭磊. 欧盟 2020 年能源战略及其对中国的启示 [J]. 能源技术经济，2011, 23 (6): 16-19.

[2] 王静书. 欧盟 3 月发布 2050 低碳经济路线图 [N]. 21 世纪经济报道，2011-03-01 (21).

[3] 2015 巴黎气候协议：跛脚的欧盟气候目标 巴黎能否保住 2℃ [A/OL]. 21 世纪经济报道，2015-03-02.

理进程中的话语权。

正在蓬勃发展的能源革命，与以往波及范围较小的以煤炭、石油为标志的前两轮能源转型和变革相比，这一轮能源革命彰显全球化特征。目前，世界各主要经济体都在积极因"国"制宜，推进和布局能源革命，如欧洲国家推行低碳减排理念，美国大力推进页岩气革命，日本和韩国聚焦于能源供应多元化和提高能源利用效率。不难看出，虽然其各自的能源政策调整力度不同，但终极目标都追求可再生、低碳和绿色。由此，中国生态文明建设和推进能源革命，就必须具有环球视野，立足国内"煤炭占能源消费总量64.2%"这一国情，积极大力提高煤炭清洁化高效开发利用水平，革命化调整能源结构，而非简单采用"拿来主义"。

（一）做好顶层设计

能源发展不仅仅是能源领域、能源部门的问题，能源联系着社会生产、生活的各个方面，能源规划也会涉及政府各部门、社会各团体和组织。国外能源变革尤其是以美国确立了实现"能源独立"为战略总体目标而开展了如页岩气革命的行动，日本也是开始设立"去石油化"后来注重"能源设施安全，发展可再生能源"的战略规划目标，在此战略指引下调动了社会各个方面的力量实现能源变革。撒切尔夫人在担任英国首相期间，大力推行"去国有化"，关闭无利可图的国有企业，包括钢铁厂和煤矿，或将这些企业低价出售给个人。尽管这引发了激烈的罢工运动，但"去国有化"提高了英国竞争力，在实际上也促进了减少煤炭生产和消费的能源转型。因此，在能源规划方面要做好顶层设计，要确立中国的战略性目标和能源革命的最终目的。在这个正确而长远的能源战略下开展实施各方面的行动措施。还要正确引导社会资金、技术等推动能源进步的主要力量发挥决定性作用，调动社会各方的积极性，包括企业、终端消费者、地方政府等参与能源革命。通过能源革命实现中国中长期的战略发展，最重要的是能源体制机制的顶层设计，激发市场活力，发挥市场的积极作用。

除体制机制以外，顶层设计要关注与能源相关的各个方面，如能源消费、供给、技术及国际合作，合理调整产业布局。能源顶层设计不仅要关注传统能源发展，还要关注实现能源革命与生态文明的清洁能源发展，尤其是新能源的使用与开发在中国开展的时间较短，经验不足，这就更需要做好统筹规划，完善政府政策体系，做到制度保障有序开发和科学发展；不仅要关注国内市场，更要有全球视野，统筹国内、国际两个市场，充分发挥两个市场在能源革命进程中的作用；不仅要关注能源的供给侧，还要关注能源消费端，从生产到消费的诸多环节要建立统一的协调机制。

（二）开展能源外交

世界全球化的趋势不可逆转，能源关系到世界各国的生产与发展，化石能源的过度使用也是造成全球性问题的主要因素，全球治理需要各国合作，所以能源使用和生态环境保护同样需要全球合作。

能源是战略性资源，能源安全影响着国家安全，保障能源安全也需要我们加强与重点能源国家和周边国家的能源合作关系。美国在页岩气革命之前十分注重与中东国家之间的关系，与加拿大建立战略盟友关系，欧盟国家制定政策时以会员国的利益保障为前提，加强欧盟国家的能源安全，日本也十分看重与能源国家的外交关系。为了确保中东能源的稳定供应，日本积极发展与中东国家的关系，日本许多政界要人纷纷造访中东，不仅保障了自身能源供给，还保障了自身能源安全。

中国能源发展应该继续深入推进"多元化"发展的能源外交战略，发挥能源外交作用，改进外交的交流方式方法，将政治、经济、文化等各方面外交与能源结合起来，拓宽更为广泛和可靠的能源外交渠道，处理好与周边能源国家如俄罗斯、中亚五国、东南亚国家的关系。随着"一带一路"倡议的持续推进，与"一带一路"共建国家合作的不断深入，中国企业尤其是能源企业"走出去"的愿望迫切。将能源外交注入"一带一路"倡议和国际合作过程中，助力中国企业与世界各国开展能源领域合作，不仅包含能源设施还应该包括能源技术方面的交流。中国能源外交应始终以国家能源安全为主要目标开展工作，应对全球治理和解决国内恶劣的生态环境为目标，加强与发达国家的中西合作和与发展中国家的"南南合作"关系。

在 2013 年 8 月 8 日至 10 日举行的 2013（第九届）中国分布式能源国际研讨会暨展览会上，中德可再生能源合作中心主任陶光远介绍，德国与中国在以煤为主的能源结构方面很相似。但德国已开始较严格地控制煤炭开采规模，煤炭的用途主要限制在煤化工领域，煤发电正逐步被天然气发电所取代。在可再生能源方面，德国的风电集中在东北部，特别是北部海岸，最远距负荷中心近千公里；而太阳能辐射强度在德国南部比北部强烈得多，传输到北部最远也为近千公里。目前，德国风电和光伏电的发展已受制于法律手续和规划建设速度。即将实现的虚拟电厂及新型储能技术如压缩空气、电解氢、智能用电等，都为德国应对大比例风光电供应波动提供了重要技术手段。以燃气为主的以热定电正在向以电定电转变。将来多余的风光电解制氢可用于热电联供。德国可再生能源发电量已超过总发电量的 20%，计划 2020 年达到 35%以上，2050年达到 80%以上。中国的可再生能源电力发展后来居上，风力发电总装机量已为全球第一，太阳能发电量也快速增长。因此，上述问题既是德国的问题，也是中国的问题。从 2011 年开始的中德可再生能源合作，必将推动两国可再生能源电力大规模发展。

（三）注重技术创新

从美国、欧盟、日本的能源发展战略来看，无不有对能源技术的关注。也正是由于页岩气技术的进步开启了美国页岩气革命，欧盟国家大力推广使用清洁能源技术和大力提升清洁能源比例，日本也在国家战略中强调对能源技术的投资，发展清洁能源，如氢气技术。我们不仅能从其他国家看到对能源技术的重视，也如上节所述世界三次能源革命是技术进步的结果。未来能源方面的技术主要涉及两个方面：一是对现有传统能源技术的革新与升级，提高能源使用效率；二是侧重于对新能源技术的开发和使用，如提高光伏转换效率、新能源汽车的技术开发与推广、核能技术的迭代等。技术进步决定着能源革命的新阶段，只有新技术的出现才能真正实现产业的转型升级，能源效率才能提高，能源结构才能稳步调整，节能减排的任务和目标才能实现。

中国在一些能源技术上发展速度和水平相对较高，但是在清洁能源技术方面，整体水平和创新力度都明显弱于世界发达国家。能源技术一方面需要加大引进力度，需要"拿来主义"；另一方面要加强自主创新能力，构建新的能源技术投资、开发、利用的机制，打造技术创新的环境，调动科研人员积极性，力争取得能源技术的创新与进步，以期实现能源技术"走出去"构想。

科技创新、制度创新以及体制机制攸关能源革命的成功，而能源科技革命显然是能源革命中至关重要的。展望未来，中国可以优先考虑以下技术领域，如分布式能源、智能电网、新能源汽车、下一代光伏、第四代核电、可燃冰以及外太空太阳能技术等。国际技术产业化规律基本逻辑是遵循分层级发展，优先突破位于技术路线中间位置的适用技术，因为其虽然不是最尖端的技术，但一定是性价比最高且最具产业前景的技术；对于超前一些的技术以创新研发为主，在合适的时候可以采取示

171

范工程进行推广；对最尖端的技术则以基础性实验为主。中国的能源技术革命，首要任务是在"分层次，有取舍"的基础上，构建符合中国能源产业特色的技术路线图。[①]

　　上述梳理了世界发展史上三次工业革命与三次能源革命的发生背景和联系以及选取世界发达国家美国、欧盟、日本在能源变革中的主要政策改变和做法，并提炼了一些值得中国借鉴的方式方法。诸如能源革命与工业革命是伴随发生的，在推动能源革命进程中技术革命是最主要的因素。在推动能源革命进程中我们要注重规划的顶层设计，统筹各方力量共同谋划能源革命进程；注重增强能源外交的力度，保证能源安全和国际能源合作的顺利进行；注重能源革新在能源革命中的关键地位和作用。

---

　　① 高世宪. 能源革命的国际观 ［J］. 能源评论，2015（2）：54-55.

第六章

以生态文明科学理念构建能源
革命实施设想

第一节　遵循和尊重能源革命的阶段性规律

改革开放以来，我国经济发展迅速。在此过程中，由于地方政府受经济利益驱使和监管不到位等因素，放任生态环境破坏，非法高污染企业相继出现，造成了国内自然环境的急剧恶化。日益突出的环境污染问题也已成为中国经济和社会发展的阻碍。在工业化和城市化建设迅猛发展阶段，中国生态环境资源形成了开发力度小、投入高、消耗高、效率低的粗放型经济增长方式，加之以技术水平较低和管理手段滞后等原因，生态环境污染问题和生态环境形势不容乐观。

不过，随着中国经济迅猛发展、改革开放日益推进、国际交流广泛开展，中国绿色发展步伐正在逐步加快，时代性和阶段性问题经过长期的冲突后，逐步走向融合状态。这要归功于顶层设计的智慧和生态文明理念的推广，积极扩大国际环境交流，以及加大宣传可持续发展理念，等等。

中共中央政治局2017年5月26日下午就推动形成绿色发展方式和

生活方式进行第41次集体学习，习近平总书记发表了重要讲话。他强调，人类发展活动必须尊重自然、顺应自然、保护自然，否则就会遭到大自然的报复。这个规律谁也无法抗拒。人因自然而生，人与自然是一种共生关系，对自然的伤害最终会伤及人类自身。只有尊重自然规律，才能有效避免在开发利用自然上走弯路。改革开放以来，我国经济社会发展取得历史性成就，同时，我们在快速发展中也积累了大量生态环境问题，成为明显的短板，也成为人民群众反映强烈的突出问题。这样的状况，必须下大气力扭转。

作为中国生态文明重要组成部分，中国能源革命的提出，应该说是恰逢其时，具有很强的时代性和阶段性。能源是一个复杂的、具体的体系，涉及技术、产业、投资、企业、消费等一系列行为。这些行为之间相互作用，从而形成一个非常庞杂且相对稳定的系统。然而这个系统要发展转变，其实是非常困难的。因为有其内在的约束，也有其内在的力量。不顾这种约束和力量，人为去发展、去跨越，效果可想而知。

目前，中国能源领域乃至生态文明建设都进入了一个新的阶段，具有鲜明的时代性。这个阶段体现在化石能源方面就是越来越清洁化，越来越简约化，越来越减量化。更重要的是，以风电、光伏为核心的可再生能源进入了一个快速发展的阶段。从2010年开始，中国的可再生能源，无论从国内还是国际来看，都进入了一个快车道，成本也在不断降低。国际能源署此前发布的报告称，2019年，中国可再生能源增量占全球增量的45%。其中，风能新增装机容量更是占了全球新增容量的绝大部分。另外，随着人民收入水平不断提高，环境意识日渐增强，对生态也越来越重视。中国产业结构已经向信息化、高技术化、集约化迈进。

这说明生态文明和能源革命非常契合中国发展的阶段性和时代性规

律。但同时我们也要看到，目前这只是一个潜意识，或者说是一个初级阶段，进入可再生能源或者后化石能源时代和生态文明，目前还只是一个愿景，需要一个推广过程。在这个过程当中，一方面要用好化石能源，另一方面还要加强推进可再生能源的使用。在这一过程中，要做好合理的替代和衔接，并且把化石能源和可再生能源进行更好的融合。也就是说在发展化石能源的时候，鼓励化石能源企业发展可再生能源，向这方面发展，传统的能源类国企和大量的民营企业也应在这方面不断尝试和努力。我们要重视生态文明和能源领域发展的阶段性和时代性，只有抓住这个特色，我们才能制定出科学的、合理的、可行的战略路线图。这就真正地实现了恩格斯提出来的"历史与逻辑的统一"。

现在，加快推动能源革命和大力发展可再生能源已成国家共识，其关键在于落实。能源革命的本质是推动主体能源更替和能源生产利用方式的根本转变。可再生能源的大力发展既是中国推动生态文明和绿色发展以及能源革命的新动力和核心内容，也是中国节能减排和落实《巴黎协定》的必然要求。中国只有加快发展可再生能源，才能够推动生态文明建设，并在能源革命中发挥引领作用。

第二节　更加明确能源革命相关政策
目标的"合理性"

中国能源革命是一场伟大的革命。在能源革命或者能源领域当中，一直有一个很大的误区，那就是能源是一个典型的生产力，较少涉及生产关系。

由于缺少明确的思想指导，现实中的能源目标其实很庞杂，涉及很多方面，如能源安全、能源效率、能源环境、能源市场（价格）、能源结构、能源消费（需求）、能源生产（供给）等政策目标。不同能源政策目标受关注程度的差异大体可以通过这些能源政策在学术研究中出现频率的高低来体现，学术研究信息来自中国最权威的两个学术数据库——中国期刊网和国家图书馆官网。不考虑具体能源产品的政策目标问题，将能源安全、能源效率、能源环境、能源市场（价格）、能源结构、能源消费（需求）、能源生产（供给）等政策目标作为搜索词，来评估不同能源政策目标受关注程度。在进行能源政策目标关注度比较时，由于能源公平是能源核心经济特征中推演出的一个重要的政策目标，因此，对能源公平（分配）政策目标也进行了搜索比较。具体结果见表6-1。

从表6-1可以看出，不同政策目标的受关注程度是存在差异的，而且有些政策目标的受关注程度差异较大，甚至不是一个数量等级，能源公平（分配）在专业研究中几乎没有什么关注度。总体来看，能源价值理性目标没有得到充分重视。

表6-1 不同能源政策目标受关注程度（频数）的差异比较

搜索词	中国期刊网				国家图书馆	
	政策研究（社科）	政策研究（自然）	合计	频率合计排序	个	频数排序
	个	个	个			
能源安全 能源环境	269 281	35 47	304 328	1	222 297	1
小计	550	82	632		519	
能源公平 能源分配	5 4	0 0	5 4	7	1 3	7
小计	9	0	9		4	

续表

搜索词	中国期刊网				国家图书馆	
	政策研究（社科）	政策研究（自然）	合计	频率合计排序	个	频数排序
	个	个	个			
能源效率	237	13	250	4	144	3
能源市场	100	3	103	5	47	4
能源价格	95	1	96		31	
小计	195	4	199		78	
能源结构	249	11	260	3	36	6
能源消费	406	15	421	2	275	2
能源需求	60	6	66		37	
小计	466	21	487		312	
能源供给（应）	45	0	45	6	14	5
能源生产	70	10	80		34	
小计	115	10	125		48	

事实上，能源政策和能源领域的发展，实际上涉及我们每个公民的切身利益，具有很强的社会关系和利益分割的物质属性，这就涉及一个合理性问题。而这个合理性最好的分析工具就是社会学家马克斯·韦伯（Max Weber）所提出的"价值理性和工具理性"，工具理性是怎么做得更好，价值理性就是为谁好，一个求真，一个求善。笔者认为，应该设计一种机制，实现工具理性和价值理性相融合，能源革命才能真正既做到更好，又实现人民利益最大化。

马克斯·韦伯将合理性分为两种，即价值（合）理性和工具（合）理性。价值理性相信的是一定行为的无条件的价值，强调的是动机的纯正和选择正确的手段去实现自己意欲达到的目的，而不管其结果如何。而工具理性是指行动只由追求功利的动机所驱使，行动借助理性达到自己的预期目的，行动者纯粹从效果最大化的角度考虑，而漠视人的情感和精神价值。

人类发展的历史表明，合乎规律性和合乎目的性是人类实践活动的两个基本维度，人类理性归根结底都是在实现人的两个宗旨：求真与求善。工具理性主"真"，价值理性主"善"，前者导向真理和认知，后者导向决断和行动。价值理性作为人类对自身与世界的关系"应如何"和人"应当是"问题的思维和行为指向，它高于仅以认识事物的本来面目、回答人与世界的关系"是如何"为主要指向的工具理性。

工具理性的核心是对效率的追求，所以资本主义社会在发展工业现代化的道路上，认为追求有用性就具有了真理性。马克斯·韦伯在《新教伦理与资本主义精神》中指出，新教伦理强调勤俭和刻苦等职业道德，通过世俗工作的成功来荣耀上帝，以获得上帝的救赎。这一点促进了资本主义的发展，同时也使得工具理性获得了充足的发展。但是随着资本主义的发展，宗教的动力开始丧失，物质和金钱成为人们追求的直接目的，于是工具理性走向了极端化，手段成了目的，成了套在人们身上的枷锁。

中国目前正处于化石能源向风能和光伏为代表的可再生能源转型时期，而能源革命兼具工具理性和价值理性。从阶段性来看，过去的能源显然是一种单向的供给和需求。目前能源企业面对的是单向供给模式，能源实际上表现出很强的非人格化，而公众的参与度非常低，所以没有体现充分的能源民主。那么，在未来，随着能源发展转向非化石能源，尤其是风能和光伏的发展，这种去中心化的、分布式能源的作用会越来越大，而且能源的消费者和生产者的边界也会越来越模糊。在这种情况下，能源不仅是生产力的问题，它涉及交流、信息、共识和一些公共基础设施的选择等一系列行为，这就说明能源不是一个简单的物质世界，而是一个活生生的生活世界，就是哈贝马斯（Habermas）所讲的"生活世界"。

哈贝马斯主张在道德、法律及政治三大领域都必须实行协商原则，这就要以交往理性为基础全面重建民主社会的公共领域（public sphere），使其不再是"经济领域"，而是一种民主参与，协商对话，从而获得共识的"言语领域"（discursive field）。①

在生活世界中，相关利益双方的对话、交流、沟通极其关键。这恰恰是我们在生态文明建设中，所涉及的很重要的"文明"。生态文明，不仅有人与自然的对话，更重要的是人与人之间的对话，实际是反映了人与人之间的关系。人与自然之间的关系是掩藏在人与人的关系之中的。哈贝马斯强调理论探索的开放性、多元性、包容性、全方位性。通过人与人之间的平等、协商、交流，来实现人与自然的和谐。因为人与自然的和谐是最大的公共物品。这种最大的公共物品的获得，只能通过生活沟通，达成共识，一致行动。

第三节　进一步增强地方政府在生态文明建设和能源革命中的作用

地方政府的"双向代理关系"表征在推动绿色能源产业发展的过程中具体表现在两个方面。一方面，地方政府承接中央指令，依据政策开展地方新能源产业的起步发展与升级改造，打造地方产业集群；另一方面，考虑到地方区域的自身利益，在推行中央政策的同时，不可避免地进行选择性执行，选择有利政策发布"升级版"的地方措施，尽量

---

① 丁子江. 哈贝马斯为何在中国受到追捧［N］. 中华读书报，2014-05-14（10）.

确保地方企业的利益。

中央政府的目的是从宏观角度或者说是从经济社会的可持续发展角度出发，应对气候变化、履行节能减排的国际承诺，同时基于国内产业结构调整、优化能源消费模式和能源供给侧结构性改革的考虑，以及在未来新兴行业争取话语权的前瞻性计划，中央政府从顶层设计开始进行了一系列颇为全面的政策推广，致力于消除地方垄断，保障企业合法权益，营造公平、法治的竞争环境。

而地方政府则更关心自身地区利益，受制于政绩观的羁绊。地方发展新能源项目更多的是把新能源产业作为新的经济增长点，促进当地经济发展、增加财政收入和促进就业，打造政绩工程，以迎合政绩考察体系标准，得到自身更长远的升迁。因此，地方政府推行政策的范围更加"因地制宜"，以便针对本地区的产业项目推出中央政策的"升级版"。

2016年8月，中共中央办公厅、国务院办公厅印发《关于设立统一规范的国家生态文明试验区的意见》，首批选择生态基础较好、资源环境承载能力较强的福建省、江西省和贵州省作为试验区。根据部署，到2017年，福建、江西和贵州三省将推动生态文明体制改革总体方案中的重点改革任务取得重要进展，形成若干可操作、有效管用的生态文明制度成果。到2020年，试验区率先建成较为完善的生态文明制度体系，形成一批可在全国复制推广的重大政策成果。这几个省的实践最终要形成一批可在全国复制推广的重大政策成果，实现经济社会发展和生态环境保护双赢，既要经济发展，也要拥抱蓝天、绿水和新鲜的空气。2017年6月，江西出台了《生态文明建设目标评价考核办法》。在新的考核机制下，领导干部离任，不仅要审"经济账"，还要审"生态账"。①

李克强 2017 年 6 月 14 日主持召开国务院常务会议，决定在部分省（自治区）建设绿色金融改革创新试验区，推动经济绿色转型升级。会议指出，贯彻新发展理念，加快绿色金融体制机制创新，加大金融对改善生态环境、资源节约高效利用等的支持，对调结构、转方式，促进生态文明建设具有重要意义；也是扎实履行中国政府对《巴黎协定》的承诺，应根据需要突出重点，有序探索推进。会议决定，在浙江、江西、广东、贵州、新疆五省（自治区）选择部分合适的地方，建设各有侧重、各具特色的绿色金融改革创新试验区，在体制机制上探索可复制可推广的经验。

李克强在 2017 年 6 月 14 日的国务院常务会议上说："发展绿色金融的核心是处理好环境效益和经济效益两者间关系，使绿色经济能够得到有效的金融支持，实现可持续健康发展。"总理指出，发展绿色经济环境和社会效益相对较快，经济效益相对较慢，而商业化运作的金融行业需要尽快实现效益增长，这就要求发展绿色金融必须协调好环境与经济效益两者的关系。②

绿色金融是全球金融发展的新风潮。2016 年 G20 杭州峰会，在中国倡导下绿色金融被首次纳入会议议程。2017 年《政府工作报告》明确提出，要大力发展绿色金融。③

---

① 生态文明试验区迎来"周年考"：来自首批国家生态文明试验区的江西观察［EB/OL］. 新华每日电讯，2017-06-23.

② 绿色金融为何先在地方实验？听听总理怎么说［EB/OL］. 中国政府网，2017-06-15.

③ 绿色金融为何先在地方实验？听听总理怎么说［EB/OL］. 中国政府网，2017-06-15.

第四节　中国能源政策工具理性与价值理性
目标的协调战略分析

党的十九大报告指出，加快建立绿色生产和消费的法律制度和政策导向，建立健全绿色低碳循环发展的经济体系。推进能源生产和消费革命，构建清洁低碳、安全高效的能源体系。这为中国能源政策的工具理性与价值理性目标协调提供了强大的理论基础。本节界定了能源政策价值理性目标和工具理性目标，阐述了五大新发展理念下中国能源政策工具理性与价值理性目标协调战略理论基础，分析了中国能源政策工具理性与价值理性目标的协调存在四个原则性基本路径。

德国社会学家马克斯·韦伯将合理性分为两种，即工具（合）理性和价值（合）理性，前者求真（合规律性），后者求善（合目的性）。中国能源政策也存在工具理性和价值理性的划分，并且这种划分的核心表现在能源政策目标的价值理性或工具理性侧重上。多年以来，中国能源政策目标基本集中在工具理性层面上，对价值理性重视不够。中国能源政策目标的这一偏差已初步得到纠正，能源政策价值理性目标不断得到重视。党的十九大报告指出，加快建立绿色生产和消费的法律制度和政策导向，建立健全绿色低碳循环发展的经济体系。推进能源生产和消费革命，构建清洁低碳、安全高效的能源体系。2016年十八届五中全会提出的"创新、协调、绿色、开放、共享"五大新发展理念，既涉及了工具理性更指引了价值理性，为中国能源政策工具理性与价值理性目标的协调战略提供了强大的理论基础。

一、能源政策价值理性目标和工具理性目标的界定

从价值理性和工具理性角度，能源政策目标可以划分为价值理性目标和工具理性目标两个层次。能源政策价值理性目标是能源经济运行的最终落脚点，以服务人类经济社会活动为最终目标，落脚于国家或个人的福利。能源政策工具理性目标落脚于能源本身的状态或效果。能源政策工具理性目标对价值理性目标有制约作用，而价值理性目标则对工具理性目标有引导作用。

（一）能源政策价值理性目标

能源供给安全是国家或宏观层面的能源政策价值理性目标。能源供给安全是一个国家或区域在任何时间的能源可获得性，是能源产品以经济上可接受的价格满足经济社会活动不中断的需要。在世界面临越来越大的气候变化压力背景下，能源利用对生态环境尤其是气候变化的影响也是能源安全的重要内容。

而能源公平是个体居民或家庭层面的能源政策价值理性目标。对社会个体居民或家庭来说，家庭能够在任何时间和空间获得生存和发展所必要的基本能源供应量，是个体居民或家庭基本生存和发展权利的重要内容和基础，也是社会公平在能源领域的体现。能源消费水平超过生存性需求后就具有非生存意义，成为主要利用价格等经济手段进行调节的经济性需求。

（二）能源政策工具理性目标

能源政策工具理性目标主要包括能源结构、能源效率、能源市场运行方式和能源产品定价方式四个方面。

能源结构指能源总生产量或总消费量中各类一次能源、二次能源的构成及其比例关系。国务院 2014 年颁布的《能源发展战略行动计划

2014—2020》指出，到 2020 年，非化石能源占一次能源消费比重达到 15%；天然气比重达到 10%以上；煤炭消费比重控制在 62%以内；石油比重为剩下的 13%。

能源效率有很多定义，有技术效率、经济效率，投入产出比是衡量效率的核心指标。技术效率取决于技术水平，经济效率往往用单位国民生产总值能耗和污染物排放量表示。能源结构是能源产品（主要指初级能源产品）在能源总消费中的比重构成。

能源市场运行方式主要包括市场的可竞争性、政府对市场的干预程度和产品定价方式三个相关问题。在能源市场运行的三个相关问题中，市场的可竞争性是核心，是导致政府对市场态度及其产品定价方式的基础。市场的可竞争性主要体现为竞争和垄断的关系。政府对市场的干预程度主要涉及政府在能源经济中的产权、规制等行为。

能源产品定价方式主要有政府定价、政府指导价或完全市场自由定价。能源产品定价方式各有优缺点，政府定价可能会从更全局、更长期的角度配置能源资源，但容易僵化和产生寻租行为；市场定价会更加灵活，但对能源资源的配置容易短期化，对特殊用能群体（如弱势人群生活用能）难有充分考虑。

二、能源政策价值理性目标被弱化

（一）工程化思维主导限制了能源价值理性的研究

能源公平问题涉及伦理学，工程化思维却主导了能源政策研究，伦理难以进行技术处理。其实，不仅在能源政策领域，在整个经济分析中，工程化思维都占据主导地位，都对公平等伦理学问题缺少充分关注。但是，处理好平等与效率是现代经济运行需要解决的重大问题和难题，应当给予能源公平充分重视。

（二）化石能源主导下的能源价值理性容易受到损害

现代的能源供给—需求具有单向性，容易形成能源消费的供给依赖。传统农耕社会能源是自给自足，但市场经济条件下，能源产品商品化分化为明确的供给者和需求者。不能有时间上中断的能源需求连续性决定了能源需求的短期价格弹性非常低，短期调整余地非常小；受用能技术、设备和基础设施等因素制约，不同初级能源产品之间的替代（尤其是经济性替代）受到一定限制，初级能源产品替代的有限性也决定了能源需求的中长期价格弹性不太大。人民生产、生活是能源需求的主要主体，处于不利供需地位。

另外，生产的资本密集性对很多企业进入能源领域产生阻碍。能源领域（尤其是化石能源）生产规模大，配套、输运等基础设施要求比较高，需要很高的资本供应能力。世界 500 强企业中总有一些能源企业因为资产巨大排在前列。

因此，在化石能源主导下，能源系统一方面是能源需求侧需求弹性不足，另一方面是能源供给侧的垄断性。能源的这种技术经济特点使得能源为利润而生产的工具理性占据很大的优势，而为人们生活、生产条件改善的价值理性则处于劣势地位。

三、五大新发展理念为二者协调战略提供理论基础

习近平总书记在党的十九大报告中对绿色发展作出了深入详细的阐述："我们要建设的现代化是人与自然和谐共生的现代化。"优化能源结构，促进清洁低碳发展，是推动我国能源革命的根本要求，也是经济社会绿色发展的迫切需要。2016 年，十八届五中全会提出的"创新、协调、绿色、开放、共享"五大新发展理念，为正确处理中国能源政策价值理性目标和工具理性目标的关系提供了坚实基础和理论指导。

（一）创新是能源政策工具理性目标最直接的体现

科技是第一生产力，能源领域也不例外。创新是技术进步最直接、最有力的活动。更重要的是，创新不仅包括技术创新，还有商业模式创新、制度创新等。因此，能源创新涵盖了能源消费、能源供给、能源技术和能源体制的方方面面。

（二）开放是能源政策工具理性目标不断扩展的基础

能源是一个复杂的、动态的巨大系统，能源的资源配置也越来越全球化。一方面，能源品种之间是开放的。能源系统中不同能源产品之间要开放，能源品种之间的互联互通、替代性会越来越强，能源的安全保障程度和效率也会越来越高。煤制油、煤制气、LNG 等化石能源越来越融合；风光水互补，可再生能源越来越一体化。另一方面，能源地理空间不断开放，一体化程度在提高。不仅国内相互开放，如西气东输、川气东送、风光电输送走廊建设完善，而且全球能源利用能力不断提高，全球能源合作的广度、深度不断加强，煤炭国际化利用水平也不断提高，基于风光电力的全球能源互联网的设想也得以提出。

（三）协调是能源政策工具理性目标不断完善的保障

中国能源的发展是不平衡的，这种不平衡有不同的表现。一是不同能源品种资源禀赋的不平衡，如中国缺油少气，但煤炭资源相对丰富。二是中国能源供需地理空间分布不平衡，中国中西部化石能源资源禀赋较好，但需求水平相对较低；中国东部化石能源资源禀赋较差，但需求水平高。三是不同能源品种发展水平不平衡。化石能源发展较为成熟，天然气产业尽管相对滞后，但也在不断完善；可再生能源产业仍处于发展的初级阶段，甚至出现了"未老先衰"的现象，"弃光弃风"严重。四是不同能源品种对环境的影响程度不同。煤炭对环境影响很大，风光等可再生能源对环境影响较小。在诸多不平衡同时存在甚至矛盾的情况下，通过统筹、协调，可以从整体、全局、系统的角度减少能源发展和利用的消极因素，提高和增加能源发展和利用的积极性和实效性。

（四）绿色是保障能源安全价值理性目标的内在要求

伴随能源生产利用尤其是化石能源的燃烧而来的是温室气体等污染物的排放，全球温室气体排放中85%以上是来自化石能源的燃烧。化石能源消费对环境造成极大的负外部经济。绿色既为能源生产利用中正确处理人与环境的关系提供了约束性要求，也提供了正确的方向。

（五）共享是实现能源公平价值理性目标的指引

不同群体对能源利用的可获得性、可支付性存在不平衡。在能源商品化条件下，受收入水平、居住位置等因素的影响和制约，一些居民获得能源、支付能源购买的可能性和水平还不够，而一些高收入的发达地区却存在一定程度的能源浪费现象。通过共享机制以及衍生的价格等机制，可以最大限度地保障"能源服务每一人、人人皆可用能源的能源公平"，也尽可能防止能源生产和消费过程中的负外部性向弱势群体不合理溢出。

四、实现中国能源政策工具理性与价值理性协调战略的基本路径

（一）明确能源政策价值理性目标是中国能源政策的核心

中国能源政策的最终目标是保障基本的能源安全和一定程度的能源公平不受损害。要保障能源安全和能源公平，除了完善能源政策的工具理性目标（能源产品结构优化、能源效率提高和能源市场完善）外，能源储备和应急制度、能源弱势群体资金补贴、能源可持续评估和利用规划等政策工具都可以在保障能源安全和能源公平方面具有很强的支撑作用和重要地位。

（二）能源政策工具理性目标的设计不能存在唯一性正确的倾向

能源政策工具理性目标本身就是服务于能源政策价值理性目标的。不能将能源结构调整、能源效率、能源市场运行形式作为能源政策的最终目标，尤其不能为能源产品结构调整而调整、为能源市场化而市场化，更不能不顾实际和现实约束去追求某种唯一的所谓最优能源产品结构、能源市场运行形式。能源政策工具理性目标具有多样性，应该保持能源政策工具理性目标的某种灵活性和弹性。能源政策工具理性目标可以根据运行效果和现实条件变化而做出某种调整。

（三）克服立足能源实物制定能源政策的工具理性局限

经济逻辑理性是能源工具理性的核心，能源政策设计不能过度局限于能源实物。例如，可再生能源的基地化、大规模开发与传统煤电的运行逻辑实质上是类似的，但与可再生能源的微电网、分布式利用在经济逻辑上却存在本质的差异；天然气管道运输和 LNG 运输的经济流动性程度从根本上来说是不同的；石油勘探开发与石油炼制其实属于不同的行业。要克服能源政策归类和设计倾向于按照能源实物归属（如煤炭、石油、天然气、电力、可再生能源），而不是按照能源运行经济逻辑的错误做法，按照能源经济逻辑优先的原则设计能源政策，避免能源政策设计的"碎片化"和"分割化"。

（四）做好不同能源政策目标之间的协调

要协调好一些能源政策目标可能存在的矛盾，具体做到如下方面：在保障能源安全、能源公平方面，尽可能地利用与能源效率无关的政策工具，如能源储备和应急制度、低收入群体能源救济金制度等；协调好能源经济短期运行与长期可持续发展的关系，做到有序而不故步自封；完善能源政策顶层设计与能源政策细化的可衔接性；界定好能源政策目标与其他领域的关系，如能源市场运行方式在很大程度上取决于整个国民经济运行的市场化程度，而不是单纯能源经济领域所能够独立解决的。

第五节　构建"双碳"浪潮下的"COHESIVE"能源革命体系

基于以上论述，我们最后构建一种"双碳"浪潮下的"COHESIVE"（凝聚的、有结合力的、紧密结合的、有黏着力的）能源革命体系。

第一是"C"——Communication（交流）。碳达峰、碳中和愿景下、生态文明视阈下的能源革命，我们有"文明"的概念，需要全民参与，需要交流，包括政府、企业（国有企业和民营企业）、公众、消费者、生产者，把能源革命和生态文明建设问题融进每一个利益相关者的生活中，并且尊重每一个人的认识和充分交流，达成共识。在此基础上，形成有效的、自下而上的能源革命。

哈贝马斯在《交往行动理论》（第一卷）一书中对行动合理性问题进行了阐述，其中将人类的行动分为四种：目的性行动、规范性行动、戏剧性行动、交往性行动。其中目的性行动是以目标为取向，比较权衡各种手段后，为达到目的采用的一种行为方式，其在经济活动中具有一定合理性，但在整个社会进程中由于目的性太强，最终会使人类丧失理性导致行动的不合理。规范性行为是一个群体共同遵守某一规范而进行的一致性行动，但对于客观世界并未有反思，也具有不合理性。戏剧性行动是行动者在别人面前有意识的表现行为，有一定的主观能动性，这种行为过于自我表现，以吸引观众为目的，语言、行为并不一定真诚合理，也具有一定的不合理性。而交往性行动则是以语言或者非语言符号为基础，为达到一定的计划在自由平等的空间内进行充分沟通、相互理解，最终达到行动的一致性。交往性行动区别于其他三种行动，要求参与者通过语言或者语言形式进行真诚、真实的客观世界的分析，所采用的行动规范必须也是正确合理的，在一个公共空间内达到彼此之间相互尊重与平等，达到一定的行为一致性。这种行为具有客观性和批判性，随着时间推移可以继续论证与批判，保证共识的合理性和正确性。

　　能源革命和生态文明建设都十分注重国与国间的合作与交流。但由于世界各国的立场以本国利益为出发点，在国际交流过程中处理全球环境治理问题时，并不一定能够取得一致的行动，即使取得一致性意见，在执行过程中也可能出现偏差。借鉴哈贝马斯的交往行动性理论构建一个各国充分交流沟通的"公共空间"，如联合国环境规划署、联合国框架下的全球气候大会、中国倡议的"一带一路"绿色发展国际联盟等国际组织。在这样一个"公共空间"内遵循平等、自由、开放并相互尊重，创造国际商谈空间，特别注重"开放"的理念。此外，在交流沟通过程中注重真诚和真实性，不仅要考虑个人和本国的利益，也要考虑他人和他国的利益，彼此之间各抒己见、真诚交流、相互理解，最终寻求广泛而真实的共识。唯有此才能消除人与人、国与国之间的紧张关系，关乎每一个国家生存发展的全球环境保护行动才能真正达成一致，并能持续进行。

　　除了国与国之间"公共空间"的塑造需要形成一致性外，我们也应该注重让国内全体消费者、企业、政府等参与生态文明和能源革命，所有关联方应该在一个充分透明、公开、开放的"空间"中进行充分的沟通交流，彼此相互尊重，充分表达意见和建议，这样我们才能在政府制定相关政策，企业使用清洁能源、生产清洁能源产品，消费者具有节能环保意识并自觉参与环境保护中形成合力，达到行动的一致性。生态文明建设和能源革命不是个体行为，也不是一个组织的行为，应该是群体行为。

总之，在日益全球化的今天，针对环境保护、生态文明建设等全球性活动，应该在国际交往中营造公平、公正、公开透明并能充分交流的"公共空间"，这样才能达成相关方行动的一致性，加强各方之间的沟通与协作。国与国间如此，国内各参与方亦应如此。

第二是"O"——Openness（开放性）。生态文明建设和能源革命首先是基于国际化问题，不是关起门就能得到解决。所以，我们一定要充分利用国内外一切优质能源资源和商业模式，把生态文明和能源革命稳步融入深入持久的行动中来。

从历史维度出发，习近平总书记强调中国应当将"开放发展"作为重要的发展理念，让中国的大门永远向世界敞开，通过中国国民经济的持续向前发展来为全球经济的稳定与发展做出重要贡献。同时，中国能源革命的内外联动性以及质量也需要开放发展理念的支撑，只有这样，才能够更好地与其他国家在能源发展方面进行深度合作。

开放发展理念对于中国能源领域的改革也有着重要的指导作用。开放发展理念能够帮助我们准确分析出未来全球能源发展趋势，找出中国能源领域面临的困难与挑战，从而让中国共产党能够更加全面、深入地了解能源的发展规律。习近平总书记的开放发展理念包含了共赢开放、全面开发、公平开发、双向开发以及主动开放等重要思想，这些思想对于中国开放型能源经济的发展有着重要的引领和推动作用。

"一带一路"在落实的同时也促进了国际能源的深度合作，一系列合作规划也在顺利推进。目前，油气输送管道已经发展成为海上和西南、西北、东北陆上四大格局，并形成了完整的能源产业链，逐步实现了与缅甸、老挝、越南、蒙古以及俄罗斯等国交界地区电网互通，同时还与阿根廷、英国及巴基斯坦等国家在核电领域开展了一系列合作，这些都促进了中国能源服务、能源标准、能源技术以及能源装备的快速发展。同时，随着"一带一路"、国际能源变革论坛、APEC 能源部长会议以及 G20 能源部长会议等高峰论坛的开展，中国在国际能源领域的影响力与话语权也在逐步加大，这些对于全球能源治理的持续进行也有着重要的推动作用。同样重要的是，中国地方政府和能源企业要勇于冲破思想观念的障碍和利益固化的藩篱，打破各个利益方的壁垒，打破条块观念，敢于啃硬骨头，敢于涉险滩，更加尊重市场规律，更好地发挥政府和企业的双重作用，实现政策对接、优势互补，形成能源的充分利用以解决发展内外联动问题为核心，以开放的最大优势谋求全方位升级国内"开放型"能源革命。

第三是"H"——Human-centeredness（以人为本）。虽然生态文明要解决人与自然的问题，能源革命要解决可持续发展的问题。但是，我们一定要考虑广大人民群众的福利问题，形成一种有责任的、有眼光的能源革命和生态建设体系。

能源革命坚持以人民为中心的工作导向，重点建设基础性、兜底性民生工程，全面解决无电地区人口用电问题，大力提升城乡供电基础设施建设和服务水平，光伏扶贫取得突出成效，人民群众的获得感和满意度明显提高。

人民至上是"五大新发展理念"的核心主旨，即发展的落脚点与出发点是促进人类发展，增加人民福祉。通过"人人享有""人人尽力""人人参与"来提高人民的生活质量与生活水平，加快社会主义现代化的建设进程。

2015 年 3 月 6 日两会期间，习近平总书记在参加江西代表团审议时强调："环境就是民生，青山就是美丽，蓝天也是幸福。要像保护眼晴一样保护生态环境，像对待生命一样对待生态环境。"2013年5月，习近平总书记在中央政治局第六次集体学习时指出："要正确处理好经济发展同生态环境保护的关系，牢固树立保护生态环境就是保护生产力、改善生态环境就是发展生产力的理念。"

2016年9月3日，习近平总书记在二十国集团工商峰会开幕式上的主旨演讲中提出："我们将毫不动摇实施可持续发展战略，坚持绿色低碳循环发展，坚持节约资源和保护环境的基本国策。我们推动绿色发展，也是为了主动应对气候变化和产能过剩问题。今后5年，中国单位国内生产总值用水量、能耗、二氧化碳排放量将分别下降23%、15%、18%。我们要建设天蓝、地绿、水清的美丽中国，让老百姓在宜居的环境中享受生活，切实感受到经济发展带来的生态效益。"①

2022年3月5日两会期间，习近平总书记在参加十三届全国人大五次会议时指出，要积极稳妥推进碳达峰碳中和工作，"在降碳的同时确保能源安全、产业链供应链安全、粮食安全，保障群众正常生活"。②在碳达峰碳中和目标下，坚持以人为本，在经济发展的同时注重环境保护，实现人与自然和谐发展。

习近平在出席博鳌亚洲论坛2013年年会有关活动后，到琼海、三亚等地深入渔港、特色农业产业园、国际邮轮港考察调研时指出，"良好生态环境是最公平的公共产品，是最普惠的民生福祉"。

第四是"E"——Environment+Ecology（环境+生态）。生态环境质量是决定现代化建设是否成功的标准，最近几十年中国经济得到了飞速发展，但同时也付出了如生态脆弱、湖泊萎缩、河流污染、城市拥堵以

---

① 习近平在二十国集团工商峰会开幕式上的主旨演讲［EB/OL］. 中国日报网，2016-09-03.

② 习近平：要积极稳妥推进碳达峰碳中和工作 在降碳的同时确保能源安全［EB/OL］. 每日经济新闻，2016-09-03.

及雾霾频发等生态代价。如果中国政府不能够重视生态环境问题，那么将导致这些问题不断恶化，最终对中国经济质量的提升以及可持续发展道路产生严重的阻碍作用。我们应当以正确的态度来面对生态系统退化、环境严重污染以及资源约束等问题，在经济发展过程中应当树立尊重自然、顺应自然、保护自然的理念。通过算综合账、算整体账、算长远账的方式来保护生态环境，从而对我们的人民群众以及子孙后代的生存与发展负责。国家应当下定决心从生活方式、生产方式、产业结构以及空间格局等方面进行改革，从而保护生态环境、节约资源，不能够为了眼前的利益而急功近利、因小失大。

中国梦的重要部分便是生态环境的改善，这是一个影响到人民衣食住行各个方面的现实问题。在党的十九大报告中中国树立了到 2035 年基本实现社会主义现代化的目标，如果为了达到这个目标而采用粗放式增长方式，以破坏环境为代价，那么最终的结果将导致我们在治理生态环境的过程中付出更多的成本与代价，而这与中国的民生工程无疑是背道而驰的。十八届五中全会以来，我们从"五位一体"的整体布局出发，突出绿色发展理念，具有鲜明的时代特色和针对性，这对纠正GDP 冲动带来的粗放型发展具有重大作用。

据人民网 2015 年 11 月 10 日报道，2013 年 9 月 7 日，习近平在纳扎尔巴耶夫大学谈到环境保护问题时指出，"我们既要绿水青山，也要金山银山。宁要绿水青山，不要金山银山，而且绿水青山就是金山银山"。党的十八大确定了社会建设、文化建设、政治建设以及经济建设的方针，同时还强调了环境建设的重要性。2018 年 5 月，习近平总书记在全国生态环境保护大会上强调，绿色发展是全方位变革，是构建高质量现代化经济体系的必然要求，使资源、生产、消费等要素相匹配相适应，实现经济社会发展和生态环境保护协调统一、人与自然和谐相处。通过对人类发展历史经验的总结，我们树立了绿色发展理念作为生态文明建设的指导方针，而这也完美地契合了中国的长远战略谋划与执政理念。中国能源革命的终极目的就是缓解环境恶化压力，改善生态环境。通过能源革命，不仅要保护环境，还要更好地改善环境和生态。最好的范例就是风、光、草的合理综合利用，对中西部能源的延伸发展。有了风和光，再把地下水引出来，种植草场，利用灌溉提高效率，还可以固沙固风。这不仅可以缓解环境恶化，还为改善环境做了加法。这种能源革命无疑是伟大的实践。

如今，中国绿色发展总体战略构想得以完美阐述，如生态建设、生态安全、生态文明，中国已经将加强绿色发展纳入世界文明的整体视野。

第五是"S"——Security（能源安全和生态安全）。能源革命和生态文明建设不是一种鲁莽之行动，不能以损害影响能源安全而"革命"，不是为能源革命而革命，而要考虑到我们的阶段性和时代性以及约束条件，要保证生态安全和能源安全，满足我们的能源需求，要实现能源革命与经济社会协调发展。能源革命和生态文明建设也要尊重安全规律，安全是全方位、多层次的，包括能源安全，生态安全，还有经济的可持续发展，形成一种平衡体系。

十八届五中全会提出："坚持绿色发展，必须坚持节约资源和保护环境的基本国策，坚持可持续发展，坚定走生产发展、生活富裕、生态良好的文明发展道路，加快建设资源节约型、环境友好型社会，形成人与自然和谐发展现代化建设新格局，推进美丽中国建设，为全球生态安全作出新贡献。"

第六是"I"——Institution+law（制度和法律）。能源体制革命是能源革命的关键所在。在体制革命当中，需要从法律、程序、负面清单、正面清单等方面建立一种有效的制度，包括对地方政府的考核机制。在这种科学、有序、合理的分层次制度框架下，通过上层建筑来规范生产关系、引导生态文明建设，发挥上层建筑的监督作用和指导作用。

据央广网 2016 年 2 月 25 日报道，2013 年 5 月，习近平总书记在中共中央政治局第六次集体学习时指出："只有实行最严格的制度、最严密的法治，才能为生态文明建设提供可靠保障。""要建立责任追究制度，对那些不顾生态环境盲目决策、造成严重后果的人，必须追究其责任，而且应该终身追究。"

2016 年 12 月，习近平总书记对生态文明建设作出重要指示，"要深化生态文明体制改革，尽快把生态文明制度的'四梁八柱'[①]建立起来，把生态文明建设纳入制度化、法治化轨道。要结合推进供给侧结构性改革，加快推动绿色、循环、低碳发展，形成节约资源、保护环境的生产生活方式。要加大环境督查工作力度，严肃查处违纪违法行为，着力解决生态环境方面突出问题，让人民群众不断感受到生态环境的改善。"[②]

第七是"V"——Vigor（活力）。在当前经济发展和生态文明建设的两难之下，要尽力利用创业创新热潮助力生态文明建设和能源革命，尽力激发市场活力，破解生态文明和能源革命的掣肘，守住发展和生态两条底线需要科技创业创新，以制度作为抓手，形成创新创业引领生态文明建设的新政策、新模式和新机制。

---

① 指《生态文明体制改革总体方案》中提出的八项制度：一是健全自然资源资产产权制度，二是建立国土空间开发保护制度，三是建立空间规划体系，四是完善资源总量管理和全面节约制度，五是健全资源有偿使用和生态补偿制度，六是建立健全环境治理体系，七是健全环境治理和生态保护市场体系，八是完善生态文明绩效评价考核和责任追究制度。

② 习近平对生态文明建设作出重要指示 [EB/OL]. 中国军网，2016-12-02.

我们应该引领新常态，坚持新发展理念，推动生态文明建设和能源革命，建设清洁低碳、安全高效的现代能源体系，探索能源领域新实践。而我们的五大新发展理念首先是创新，把创新摆在发展全局的核心位置，以此来引领发展，作为第一动力全面激发社会创新活力、激情和潜能，全力实现由要素驱动为主向创新驱动为主转变。创新是生态文明建设发展和能源革命的生机所在、活力所在。我们追求的是高效的、分享的、生机勃勃的能源发展格局和有生机的、充满活力的生态系统。

第八是"E"——Economy+Efficiency+Effect（经济+效率+效果）。当然，能源革命和生态文明建设也要考虑我们的经济承受能力和效率及效果。因为能源革命和生态文明建设实际上最终反映的是经济活力，有投入和收益就会有承担。我们要重视切实可行的、实事求是的、不冒进的、不保守的经济可负担性，还要有效率地实现能源革命和生态文明建设，最后达到经济、环境、能源（3E）三者合一的最佳效果，最大程度体现能源革命效果的"人民性"，从而使得公众拥有最高"获得感"。

上述对中国实现生态文明所进行的能源革命进程提出了战略实施路径。文中指出十八届五中全会提出的"五大新发展理念"对于能源革命的指导意义，并强调了能源革命的阶段性和时代性、工具理性和价值理性、理顺和约束地方政府行为，并提出构建"COHESIVE"能源革命系统。借鉴哈贝马斯行为理论观点打造公平、公正、公开的"公共空间"，使世界各国达成一致，强调了国内参与者一致行动的重要性。未来中国革命进程速度将逐步加快、力度将逐步增强、幅度将逐步扩大，政府将会更加重视可再生能源发展，能源国际合作也会随着能源革命进程逐渐深入，中国在国际能源领域的话语权会逐渐增强。

结　语

　　党的十八大报告提出，"建设生态文明，是关系人民福祉、关乎民族未来的长远大计。面对资源约束趋紧、环境污染严重、生态系统退化的严峻形势，必须树立尊重自然、顺应自然、保护自然的生态文明理念，把生态文明建设放在突出地位，融入经济建设、政治建设、文化建设、社会建设各方面和全过程，努力建设美丽中国，实现中华民族永续发展"。[①] 习近平总书记关于生态文明建设是"五位一体"总体布局和"四个全面"战略布局重要内容的论述，把建设生态文明与坚持中国特色社会主义完整地统一起来，这是对中国特色社会主义理论体系的重要发展和贡献。[②] 生态文明建设战略和能源革命理论与马克思主义生态文明思想一脉相承，是马克思主义生态文明思想与中国特色社会主义建设具体实际以及中国的"实际"相结合的产物。生态文明和能源革命理论是人类文明史上的伟大创举，是马克思主义生态文明思想的中国化，对丰富马克思主义中国化理论具有重要意义。

　　从世界发展角度来看，人类经历了三次工业革命，两次能源革命，第三次能源革命正在进行中。每次能源革命的发生都伴随着工业革命，

---

① 朱相远. 学习习近平同志关于生态文明重要讲话中的哲学思想 [EB/OL]. 中国共产党新闻网，2014-05-12.

② 夏光. 深刻领会习近平生态文明战略思想 [N]. 中国环境报，2016-12-06 (3).

两者是相互影响发生的。究其背后原因，是科技进步促进了工业革命和能源革命的进行。两次工业革命几百年的发展历程所造成的环境污染后果逐渐引起人们重视，这也是第三次能源革命的任务——解决前两次工业革命产生的后果，找到经济发展与环境保护的平衡点，是对前两次工业革命的纠正，这预示着工业革命带来的工业文明逐渐走到了尾声，一种新的文明即将引领人类走向可持续发展的道路，即生态文明。世界各国也逐渐开始重视节能减排、环境保护和能源效率的提高，世界发达国家更是凭借技术上的优势逐渐在第三次能源革命建设生态文明中走在前列。

中国经历了 2000 多年能源消费习惯的小农经济，40 年（1949—1992 年）重生产轻消费的计划经济，以及 30 年（1992 年至今）过于追求短期利益的市场经济，能源过多的消耗用于工业生产，并未形成节约、节能的意识和习惯。在以重工业为主的经济结构和高污染、高耗能的发展方式以及以煤炭为主要能源的条件下，生态环境日趋恶化，严重威胁人民生活，也制约中国经济增长。正是在此紧迫的国际、国内背景下，中国顺应时代潮流，在中央财经领导小组（现中央财经委员会）会议上由组长习近平提出了"四个革命"和"一个合作"的伟大战略构想，一方面说明问题的严重性，另一方面说明对问题的重视，对未来中国经济发展起到决定性作用，中国希望通过能源革命走向生态文明之路。

中国提出能源"四个革命"论题，明确了中国能源未来发展道路。中国政府从上至下进行了各个层面和各个领域的改革来适应能源革命要求。能源革命提出三年以来，中国能源发展在消费、供给、技术以及体制等方面取得了长足的进步，有些方面切实做出了革命性变化，为中国未来能源革命奠定了基础。但是在能源革命实施过程中，由于传统观念意识固化，对于能源革命的紧迫性和重要性认识不够，加之中国能源领域问题积重难返，很难在短时间内取得颠覆性改变，诸多制约中国能源发展的短板依然存在并有可能伴随整个能源革命过程，但这并不妨碍中国对能源革命进程的推进和对生态文明的伟大构想。当中国政府、中国企业、中国民众共同认识到能源问题已成为当前经济社会发展中影响人们生产、生活进步的重要障碍时，未来中国革命进程速度将逐步加快、力度将逐步增强、幅度将逐步扩大，能源的使用将更加清洁、绿色、低碳。这是中国"十三五"规划的要求，也是能源革命的最终目的。中国能源革命未来将是一个惠及中国乃至整个世界并对世界能源格局具有重大影响的革命性行动。

中国能源革命受到国家关注，且在生产、消费、技术、体制（等待发布）等不同方面出台了相关规划，明确了目标，各个部门也深刻意识到能源革命的重要性，未来发展必将提速。搁浅多年的能源法已提上日程，预计在不久的将来会颁布实施。石油、天然气改革的单行法律法规也备受关注，相信《关于进一步深化电力体制改革的若干意见》的发布会刺激两个领域法律法规的出台速度。石油、天然气价格改革等领域制度已经颁布，其他领域法规也会相继修订，能源法制体系建设更加丰富。就目前来讲，针对能源革命的四个方面，已经在生产、消费和技术上出台了相关规划，但是体制方面战略规划却迟迟未出，这一方面体现出体制问题的复杂性，另一方面表明生态文明进程中的能源体制革命力度可期，我们认为未来能源体制将会向更加符合市场化方向转变，更加体现能源产品的商品属性以及会增强政府在能源管理过程中的监督作用，将更多的能源行为回归市场。

正如前文所述，黄色之于农业文明，黑色之于工业文明，绿色则之于生态文明。《能源生产与消费革命战略（2016—2030）》中提到，

2030 年非化石能源所占比例将达 15%，2050 年其比例要达到 50% 以上。从整体设计上看，生态文明将更加关注非化石能源的比例，在能源品种上则更加重视可再生能源的发展，能源战略转型的关键是大力发展新能源产业。可再生能源在能源革命进程中必将凸显出其应有的地位与作用，可再生能源产业也将迎来一波爆发性增长，可再生能源在整个能源发展体系中凸显其引领作用。目前可再生能源示范城市和新能源汽车示范城市已经遍布全国各个省份。在新一轮能源革命进程中，其试点范围有望进一步扩大，比例有望进一步提升，效益有望进一步增强，成果有望进一步推广。无论是从速度还是力度上，可再生能源都将快于其他传统能源发展。

走绿色、低碳、可持续发展道路是生态文明的基本要求，也是实现生态文明的客观规律和方式。能源革命与生态文明之间是路径与目标的关系。生态文明建设涉及人类可持续发展的问题，处理人与自然关系的问题，最终落脚点是"人"，能源消费以及绿色发展的要求最终也是为了人类的未来，在"人民性"上，生态文明与能源革命达成统一。之前的研究认为经济发展与能源使用之间是相互促进的关系，经济发展与生态保护之间存在"卡夫丁峡谷"。能源革命就是要挑战和跨越这种被认为不可能的"卡夫丁峡谷"，实现经济发展与生态保护之间的协调发展。库兹涅茨曲线显示了经济发展与生态保护之间存在倒"U"型的关系，跨过倒"U"型拐点之后是可以实现经济发展好、环境保护好的良性循环状态。我们通过研究 2000—2015 年全国 28 个省（自治区、直辖市）的人均 GDP 与人均 SO_2 排放之间的关系，佐证了这一倒"U"型关系的存在。中国大部分省（自治区、直辖市）还处于倒"U"型拟合曲线的上方，意味着中国经济发展带来了严重的环境污染，但有少部分省（自治区、直辖市）经济发展好，环境保护情况也良好，北京就是典型代表，这也从另一方面佐证了经济发展与环境保护之间的"卡夫丁峡谷"是可以逾越的，能源革命的目标也是可以实现的。对比各省（自治区、直辖市）发展情况，我们发现通过产业结构调整，扩大第三产业比例和产值，逐步缩小第二产业是实现解决中国当前环境问题的主要方式之一。

造成中国能源问题的原因不是单一的，也不是短时间内形成的，而是长期在多重复杂环境下形成的，如地方政府在经济发展过程中的无序竞争、能源体制长期不适应能源发展规律、能源市场化程度不高、产业结构不合理以及公众参与程度较低、公众意识薄弱等。因此在能源革命过程中，我们应该着重解决能源领域存在的这些问题，加快经济结构调整力度和速度，通过能源革命还原能源产品商品属性，加快体制机制革命，加快能源法治建设等。选取一些重点地区进行生态文明建设和能源革命融合发展试点工作，如北京城市副中心通州的"海绵城市"建设，雄安新区注重绿色发展，不走高污染、高耗能的老路，建设为绿色低碳的生态文明示范城。国家已经批准81个城市和8个产业园区进行新能源示范城市建设，提高清洁能源使用比例。此外，还有光伏进社区等规划行动可以大胆实践。当前中国着力推进的光伏扶贫政策是生态文明建设的典型实践范例，既实现了低碳发展，又实现了人类文明范畴内的共同富裕。在生态文明建设过程中，我们不容忽略的是乡村能源发展与转型，乡村分散居住的特征为新能源的使用推广提供了良好的条件，是新能源发展的重要市场。

能源革命提出三年以来，中国各大部委和地方政府都在着力推进，除了规划之外，在能源革命方面落实了许多实际行动方案：煤炭去产能、煤电联产、电力体制改革、油气领域改革、"一带一路"能源合作等具体行动，其结果也是有目共睹的。中国能源供给和消费结构逐步优化，总量逐年减少且速度加快，一大批能源技术实现了突破，核能开始"走出去"，体制改革以电力改革为起点逐步向深水区推进，倡议构建"一带一路"绿色发展国际联盟，加强国际合作。但漫漫改革路上也存在一些问题。无论是消费端还是供给端能源总量依然庞大，寄予重大期望的可再生能源技术在中国发展时矛盾较为突出，还未真正找到适应中国发展的可再生能源的机制体制，推动能源革命前进的技术创新与国外发达国家之间还存在一定差距，能源体制机制也亟须变革适应能源市场化发展需求。

我们通过梳理分析国外能源变革的典型国家做法，给予中国能源革命诸多借鉴，如能源规划的顶层设计和能源技术的重要性，善于开拓能源外交加强国际能源合作，鼓励技术创新，走低碳发展道路。国内发展要遵循"五大新发展理念"，借鉴交往行动理论，构建公平、公开、公正的"公共空间"促使各国之间、国内各群体之间行动的合理性和一致性，群策群力共同推进能源革命。

中国能源革命已经起航，未来革命的速度会加快、力度会加强、幅度也会加宽，政府将会更加重视可再生能源发展，能源国际合作也会随着能源革命进程逐渐深入。中国在国际能源领域的话语权会逐渐增强，第三次工业革命有望在中国率先实现。

世界全球化进程不可逆转。气候全球化治理需要中国参与，随着能源革命进程的深入，中国在全球气候治理方面发挥的作用将会越来越重要，中国将在世界能源大家庭中发挥其应有的作用和地位。从巴黎气候峰会可以看出中国在国际能源领域的声音逐渐增强，类似峰会中国必将发出自己的声音与世界各国一道参与能源低碳绿色使用，走可持续发展道路。"一带一路"倡议也使得中国与诸多共建国家在能源领域有更多的合作，加强与能源国家的联系，反映出了中国能源的国际地位。可喜的是，自能源革命被提出之后，逐渐从理念转化为行动，从愿景转变为现实，建设成果丰硕。能源革命使中国能源行业进入巨变时期，尤其是未来的体制改革将吸引更多的能源投资，能源使用效率和能源技术将会取得迅速发展。能源革命提出三年以来，中国能源革命战略思想已引入了社会化思维，其所激发出来的市场活力无疑会加速能源革命乃至生态文明建设。从世界能源结构演变和化石能源的枯竭特性来看，生态文明发展范式需要进行一场真正的能源革命，实现对可再生能源的高效利用。作为世界能源最大的消费国，中国能源革命也必将影响且长期影响世界能源格局。

当前，国际能源格局发生了深刻复杂的变化，中国经济发展进入新常态。开拓中国特色能源发展新前景，必须更加深刻地认识和把握习近平总书记关于能源革命的重要论述，坚定不移走中国特色能源发展之路，进一步增强战略定力，切实做到坚持绿色低碳的方向不动摇，坚持节能优先的方针不动摇，坚持从煤炭资源丰富的国情出发不动摇，坚持立足国内的原则不动摇，坚持创新开放的战略不动摇，为能源发展改革注入源源不断的动力和活力；坚持稳中求进工作总基调，正确处理政府和市场、能源调结构和经济稳增长、能源生产和消费、能源开发和生态保护、能源总体发展和地方创新发展、立足当前和着眼长远等重大关系，不断推动能源发展改革行稳致远。

无疑，中国在不断推进能源革命的过程中形成的一些借鉴，将为世界能源转型贡献"中国方案"和"中国智慧"，并向世界展示中国"共商""共建""共享"的"中国担当"，构建世界能源全方位开放新格局。通过"互联网+智慧能源"，实现多能互补；推动建立综合性的能源系统，实现可持续的能源发展模式，中国可以引领世界能源逐步转型。中国对二氧化碳排放的治理，让我们认识到应对全球气候变化问题应该减排与适应并重，流量与存量并重，通过电力体制改革，让火电市场中的高效率企业取代低效率企业，实现存量改革红利大于流量改革红利也是不可忽视的"中国经验"。另一个值得注意的"中国智慧"是近年来中国通过新能源扶贫，村村通电，实现可持续发展目标，应当引起国际社会特别是广大发展中国家的关注。另外，中国在发展新能源的同时，注意以稳定的火电供应为前提，以渐进的方式推进能源结构优化，也给国际社会提供了可资借鉴的"中国智慧"和"中国经验"。[①]

总之，当前世界能源格局深刻变化，新一轮能源革命和转型发展正在蓬勃兴起，而可再生能源已被视为未来地球的支柱能源。从世界能源结构演变和化石能源的枯竭特性来看，生态文明发展范式需要进行一场真正的能源革命，实现对可再生能源的高效利用。不过，世界能源格局和可再生能源的发展也许都会存在变量，中国能源革命也刚刚进行几年，具体成果仍需要观察。

---

① 推进能源革命向纵深发展 [N]. 中国社会科学报，2017-06-23（1）.

参考文献

一、著作

[1]曹明德. 生态法新探[M]. 北京：人民出版社，2007.

[2]辞海[M]. 上海：上海辞书出版社，2011.

[3]崔选民，王军生. 中国能源发展报告(2014)[M]. 北京：社会科学文献出版社，2014.

[4]高世宪，任东明，等. 推动能源生产与消费革命研究[M]. 北京：中国经济出版社，2014.

[5]何贤杰，等. 石油安全评价指标体系初步研究[M]. 北京：地质出版社，2006.

[6]贾卫列，刘宗超. 生态文明观：理念与转折[M]. 厦门：厦门大学出版社，2010.

[7]李河君. 中国领先一把：第三次工业革命在中国[M]. 北京：中信出版社，2014.

[8]马新晶. 唯物史观视阈中的交往理论研究[M]. 北京：中国社会科学出版社，2013.

[9]庞昌伟. 国际石油政治学[M]. 北京：中国石油大学出版

社，2008.

[10]史丹，朱彤．能源经济学理论与政策研究评述［M］．北京：经济管理出版社，2013.

[11]史丹，朱彤．能源经济学学科前沿研究报告2011［M］．北京：经济管理出版社，2015.

[12]奚洁人．科学发展观百科辞典［M］．上海：上海辞书出版社，2007.

[13]杨京平．生态安全的系统分析［M］．北京：化学工业出版社，2000.

[14]余谋昌．生态哲学［M］．西安：陕西人民教育出版社，2000.

[15]中共中央马克思恩格斯列宁斯大林著作编译局．马克思恩格斯选集：第20卷［M］．北京：人民出版社，2002.

[16]中共中央马克思恩格斯列宁斯大林著作编译局．1844年经济学哲学手稿［M］．北京：人民出版社，2009.

[17]中国国际经济交流中心课题组．中国能源生产与消费革命［M］．北京：社会科学出版社，2014.

[18]庄贵阳，朱仙丽，赵行姝．全球环境与气候治理［M］．杭州：浙江人民出版社，2009.

二、译著

[1]奥肯．平等与效率［M］．王奔洲，等译．北京：华夏出版社，1999.

[2]狄雍，谢泼德．产业组织理论先驱：竞争与垄断理论形成和发展的轨迹［M］．蒲艳，张志奇，译．北京：经济科学出版社，2010.

[3]科尔曼．生态政治：建设一个绿色社会［M］．梅俊杰，译．上

海：上海译文出社，2002.

[4]丽丝.自然资源：分配、经济学与政策[M].蔡运龙，杨友孝，秦建新，等译.北京：商务印书馆，2002.

[5]罗伯茨.石油的终结：濒临危险的新世界[M].吴文忠，译.北京：中信出版社，2005.

[6]马克斯.现代世界的起源：全球的、生态的述说[M].夏继果，译.北京：商务印书馆，2006.

[7]梅多斯，兰德斯，梅多斯.增长的极限[M].李涛，王智勇，译.北京：机械工业出版社，2013.

[8]森.伦理学与经济学[M].王宇，王文玉，译.北京：商务印书馆，2000.

[9]韦伯.经济与社会：第1卷[M].阎克文，译.上海：上海人民出版社，2010.

[10]韦伯.新教伦理与资本主义精神[M].于晓，陈维纲，等译.北京：生活·读书·新知三联书店，1987.

[11]希尔.能源变革：最终的挑战[M].王乾坤，译.北京：人民邮电出版社，2013.

三、期刊

[1]可再生能源发展"十三五"规划[J].太阳能，2017(1).

[2]曹明德.从工业文明到生态文明的跨越[J].人民论坛，2010(2).

[3]曹明德.从人类中心主义到生态中心主义伦理观的转变：兼论道德共同体范围的扩展[J].中国人民大学学报，2002(3).

[4]陈东坡."一带一路"背景下"互联网+"智慧能源面临的机遇与

挑战[J].电器工业,2016(7).

[5]陈国阶.论生态安全[J].重庆环境科学,2002(24).

[6]陈嘉茹,雷越,陈建荣.2012年国外主要国家油气及相关能源政策综述[J].国际石油经济,2013,21(C1).

[7]陈瑞清.建设社会主义生态文明,实现可持续发展[J].北方经济,2007(7)

[8]陈亚萍.发展低碳经济并建设生态文明[J].现代经济信息,2013(23).

[9]成思危.成思危:低碳经济发展中国化[J].东方企业文化,2010(13).

[10]程荃.欧盟第三次能源改革方案及其对中国的启示[J].暨南学报(哲学社会科学版),2011,33(5).

[11]邓天雄.人类中心主义与马克思主义及科学发展观[J].社会科学研究,2005(3).

[12]丁厚德.经济结构调整与可持续发展[J].中国地质大学学报(社会科学版),2003(1).

[13]杜明娥,杨英姿.生态文明:人类社会文明范式的生态转型[J].马克思主义研究,2012(9).

[14]杜祥琬.能源革命:为了可持续发展的未来[J].中国人口·资源与环境,2014,24(7).

[15]杜祥琬.能源革命是由工业文明迈向生态文明的基础[J]福建理论学习,2015(7).

[16]方世南.生态文明与现代生活方式的科学建构[J].学术研究,2003(7).

[17]冯静,高润华.试述中国区域经济发展不平衡的原因及对策

[J].现代商业,2015(14).

[18]谷树忠,胡咏君,周洪.生态文明建设的科学内涵与基本路径[J].资源科学,2013,35(1).

[19]管清友,李君臣.美国页岩气革命与全球政治经济格局[J].国际经济评论,2013(2).

[20]管清友.能源革命的核心[J].中国金融,2011(17).

[21]郭庆方,董昊鑫.能源产品可替代性与能源结构调整[J].改革与战略,2015,31(1).

[22]韩君.中国区域环境库兹涅茨曲线的稳定性检验:基于省际面板数据[J].统计与信息论坛,2012(8).

[23]郝宁湘.论人类中心主义不可拒斥[J].福建论坛(人文社会科学版),1996(3).

[24]何建坤,李旸.能源革命是我国生态文明建设和能源转型的必然选择[J].经济研究参考,2014(43).

[25]胡咏,吴剑,胡瑞山.生态文明建设"两山"理论的内在逻辑与发展路径[J].中国工程科学,2019,21(5).

[26]华贲.城镇化与能源革命[J].中外能源,2013,18(4).

[27]黄志红,任国良.基于生态文明的我国产业结构优化研究[J].河海大学学报(哲学社会科学版),2014,16(4).

[28]李军杰,钟君.中国地方政府经济行为分析:基于公共选择视角[J].中国工业经济,2004(4).

[29]李晓西,郑艳婷,蔡宁.能源绿色战略的国际比较与借鉴[J].国家行政学院学报,2012(6).

[30]李子牧.我国能源技术的现状与发展建议[J].信息化建设,2015(11).

[31]林伯强．能源革命需要转变计划思维[J]．广西电业，2014(8)．

[32]林珏．美国的"页岩气革命"及对世界能源经济的影响[J]．广东外语外贸大学学报，2014，24(2)．

[33]林卫斌，方敏．能源体制革命：概念与框架[J]．学习与探索，2016(3)．

[34]刘安国．不平衡发展条件下区域经济与环境福利双重不平等假说：基于中国省际面板数据的实证研究[J]．经济问题探索，2012(1)．

[35]刘华．中国地方政府职能的理性归位：中央与地方利益关系的视角[J]．武汉大学学报(哲学社会科学版)，2009，12(7)．

[36]刘吉臻．全民节能 让生活低碳环保[J]．国家电网，2014(3)．

[37]刘学敏．地缘政治与中国国家能源安全[J]．全球化，2014(4)．

[38]庞昌伟．大力发展新能源产业 推进能源战略转型[J]．求知，2009(9)．

[39]庞昌伟．发展低碳经济 维护生态安全[J]．中国井冈山干部学院学报，2009，2(1)．

[40]生态文明建设与能源生产消费革命课题组．生态文明建设与能源生产消费革命[J]．中国工程科学，2015，17(9)．

[41]史丹．能源工业改革开放30年回顾与评述[J]．中国能源，2008(6)．

[42]孙龙德，朱兴珊．能源革命：中国油气发展未来之路[J]．国际石油经济，2015，23(1)．

[43]孙舒悦，王占秋．新时代生态文明建设思想的新解读[J]．长春教育学院学报，2019，35(7)

[44]孙涛．从冲突到融合：中国绿色发展的时代性和阶段性[J]．

阅江学刊, 2016, 8(6).

[45]王海燕. 构建丝绸之路经济带多边能源国际合作机制的探讨 [J]. 国际经济合作, 2016 (12).

[46]王敏, 徐晋涛, 黄卓. 能源体制改革: 有效的市场, 有为的政府[J]. 国际经济评论, 2014 (4).

[47]王晓琼. 生态学马克思主义对人类中心主义的批判与重构[J]. 学理论, 2010(4).

[48]王治河. 中国式建设性后现代主义与生态文明的建构[J]. 马克思主义与现实, 2009(1).

[49]吴开亚. 生态安全理论形成的背景探析[J]. 合肥工业大学学报(社会科学版), 2003(5).

[50]肖彦, 王金叶, 胡新添, 等. 广西环境库兹涅茨曲线研究[J]. 西北林学院学报, 2006(4).

[51]谢克昌. 推动能源生产和消费革命先行区、示范区建设[J]. 中国经贸导刊, 2015(9).

[52]谢旭轩, 任东明, 赵勇强. 推动我国能源革命体制机制改革研究[J]. 中国能源, 2014, 36(4).

[53]邢秀凤, 刘颖宇. 山东省经济发展与环境保护关系的计量分析[J]. 中国人口·资源与环境, 2006(1).

[54]徐春. 对生态文明概念的理论阐释[J]. 北京大学学报(哲学社会科学版), 2010, 47(1).

[55]徐晖. 能源互联网的思考与探索[J]. 电器工业, 2015(10).

[56]许广月, 宋德勇. 中国碳排放环境库兹涅茨曲线的实证研究: 基于省域面板数据[J]. 中国工业经济, 2010(5).

[57]杨通进. 人类中心论与环境伦理学[J]. 中国人民大学学报,

1998(6).

[58]殷建平,周小龙.从乌克兰危机谈中国天然气价格市场化[J].对外经贸实务,2014(11).

[59]尹成勇.浅析生态文明建设[J].生态经济,2006(9).

[60]余谋昌.建设生态文明实现社会全面转型[J].深圳大学学报(人文社会科学版),2008(5).

[61]俞可平.科学发展观与生态文明[J].马克思主义与现实,2005,8(4).

[62]张涵奇,孙德强,郑军卫,等.世界工业革命与能源革命更替规律及对我国能源发展的启示[J].中国能源,2015,37(7).

[63]张首先.生态文明:内涵、结构及基本特性[J].山西师大学报(社会科学版),2010,37(1).

[64]张宪昌.文明演进视阈下的中国能源革命[J].中共云南省委党校学报,2016,17(3).

[65]张小军,马莉,郭磊.欧盟2020年能源战略及其对中国的启示[J].能源技术经济,2011,23(6).

[66]张新.论两种本质不同的人本观[J].思想理论教育导刊,2012(2).

[67]张新.五大发展理念是党对科学发展原则和规律的新认识[J].思想理论教育导刊,2016(1).

[68]张云飞.试论生态文明的历史方位[J].教学与研究,2009(8).

[69]张云飞.试论生态文明在文明系统中的地位和作用[J].教学与研究,2006(5).

[70]赵智奎.马克思的生态哲学:对中国与俄罗斯后文明未来的合理预测[J].马克思主义研究,1996(1).

[71]郑慧子. 对两种意义上的人类中心主义的批评[J]. 自然辩证法研究, 2005(12).

[72]周聪. 试论区域经济不平衡发展与环境状况关系[J]. 甘肃科技, 2013, 29(9).

[73]周大地. 实施能源革命战略三大路径[J]. 中国石油企业, 2014 (7).

[74]周黎安. 晋升博弈中政府官员的激励与合作: 兼论我国地方保护主义和重复建设问题长期存在的原因[J]. 经济研究, 2004, 39(6).

[75]周立群, 白雪洁. 地方政府行为研究述评[J]. 学习与探索, 1996(3).

[76]朱黎阳, 李越. 推动绿色低碳发展并积极践行生态文明[J]. 中国科技投资, 2013(32).

[77]朱忠树, 朱建新. 论马克思主义生态文明思想的基本特点[J]. 南华大学学报(社会科学版), 2012, 13(5).

四、论文

[1]王晶. 当代国外马克思主义生态理论对我国生态文明建设的启示[D]. 昆明: 云南大学, 2015.

[2]张洁. 马克思主义生态思想与我国生态文明建设[D]. 长春: 吉林财经大学, 2015.

[3]李长江. 生态文明内涵及建设途径的探析[D]. 长春: 东北师范大学, 2009.

[4]高飞. 马克思主义生态观与我国生态文明建设[D]. 合肥: 安徽大学, 2012.

[5]钟丽娟. 马克思主义自然观视域下的生态文明及构建[D]. 大

连：大连海事大学，2009.

[6]段光正．能源革命：本质研究及中国的选择方向[D]．郑州：河南大学，2016.

[7]安红卫．全球化背景下重建环境伦理的可能路径：从哈贝马斯的交往行为理论来看[D]．北京：中国政法大学，2010.

[8]张海龙．中国新能源发展研究[D]．长春：吉林大学，2014.

[9]侯瑞．欧盟能源发展战略分析及对中国的启示[D]．大连：东北财经大学，2011.

[10]马兰云．生态文明视域中的生活方式变革[D]．石家庄：河北师范大学，2014.

[11]吕国旭．马克思主义视角下生态危机的根源及其解决政策思路[D]．苏州：苏州大学，2015.

[12]毛钰婕．生态学与人类中心主义[D]．郑州：河南大学，2011.

[13]李晓光．人类中心主义合理性探析[D]．长春：吉林大学，2005.

五、其他

[1]郁红，王卓峰．能源革命：大时代，大抉择(下篇)[N]．中国化工报，2014-08-22(5).

[2]林伯强．能源革命的核心在于体制革命[N]．中国证券报，2014-11-07(A4).

[3]张国宝．能源革命要义是还原商品属性[N]．中国能源报，2014-08-04(2).

[4]陈学婧．能源革命蓄力起航：国家能源工作2015年终专稿之一

[N]. 中国电力报, 2016-01-19(1).

[5]郭庆方, 杨卫东, 李亚伟. 光伏进社区应该早谋划布局[N]. 中国能源报, 2017-05-08(4).

[6]田学斌. 努力把雄安新区建成绿色生态宜居新城区[N]. 河北日报, 2017-04-19(7).

[7]吴可仲. 光伏扶贫"盛宴": 千亿市场如何分羹[N]. 中国经营报, 2016-09-12(23).

[8]潘玥斐. 推进能源革命向纵深发展[N]. 中国社会科学报, 2017-06-23.

[9]周琳. 以马克思主义生态观引领美丽中国建设[N]. 经济日报, 2019-10-15(16).

[10]国务院批复同意设立河北省张家口可再生能源示范区[EB/OL]. 新华网, 2015-07-29.

[11]巴黎气候变化大会传递五大信号[EB/OL]. 中国经济网, 2015-12-15

[12]张家口可再生能源示范区获批设立一周年纪实[EB/OL]. 北极星电力网, 2016-08-01.

[13]环境就是民生, 青山就是美丽, 蓝天也是幸福[EB/OL]. 人民网, 2015-03-07.

[14]习近平诠释环保与发展: 绿水青山就是生产力[EB/OL]. 新华网, 2014-08-15.

[15]田润锋. 哈贝马斯的生活世界理论[EB/OL]. 人民论坛网, 2014-09-26.

[16]孙宏斌. 能源革命是经济社会发展的巨大动能[EB/OL]. 人民论坛网, 2018-05-28.

[17]时家林. 新基建起航：澎湃中国能源革命新动能[EB/OL]. 人民论坛网，2020-05-20

六、英文文献

[1]MARKILLIE P. A Third Industrial Revolution[J]. The Economisit, 2012, 403.

[2]ARROW K, BOLIN B, Costanza R, et al. Economic Growth, Carrying Capacity, and the Environment[J]. Science, 1995, 15(2).

[3]FRIEDL B, GETZNER M. Determinants of CO_2 Emissions in a Small Open Economy[J]. Ecological Economics, 2003, 45(1).

[4]KAUFMANN R K, DAVIDSDOTTIR B, GARNHAM S, etal. The Determinants of Atmospheric SO_2 Concentrations: Reconsidering the Environment Kuznets Curve[J]. Ecological Economics, 1998, 25(2).

[5]JIN H H, QIAN Y Y, WEINGAST B R. Regional Decentralization and Fiscal Incentives: Federalism, Chinese Style[J]. Journal of Public Economics, 2005, 89(9—10).

[6]BLANCHARD O, SHLEIFER A. Federalism with and without Political Centralization: China Versus Russia[J]. Imf Staff Papers, 2001, 48(1).

[7]WHITING S H. Power and Wealth in Rural China: The Political Economy of Institutional Change [M]. New York: Cambridge University Press: 156-159.